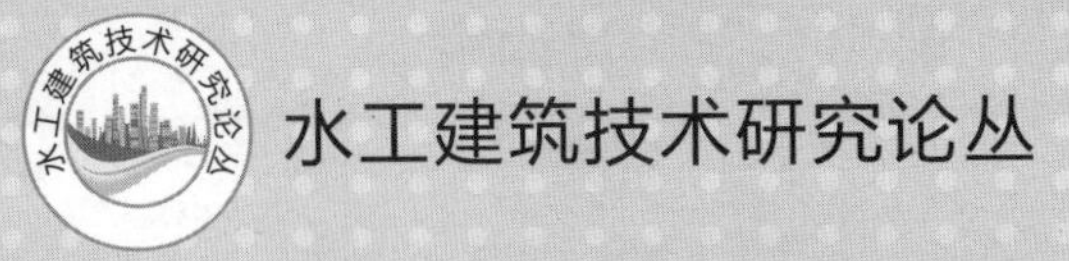

高桩码头结构修复加固技术

TECHNOLOGY OF REPAIRMENT AND REINFORCEMENT FOR PILE-SUPPORTED WHARF

张 强 孙熙平 刘现鹏 李越松 焉 振◎著

内 容 提 要

高桩码头是适用于软土地基的重要码头结构形式，在我国沿海地区广泛应用。由于高桩码头的结构特点，其安全性和耐久性一直备受业界的关注。本书介绍了高桩码头常见的病损、病害及其原因，总结了成熟的养护管理经验和维修技术。本书可供码头的使用者、管理者、设计人员和检测维修人员参考使用，也可供有关学校的师生学习参考。

图书在版编目(CIP)数据

高桩码头结构修复加固技术/张强等著. —北京：人民交通出版社股份有限公司，2017.12

ISBN 978-7-114-14381-6

Ⅰ.①高… Ⅱ.①张… Ⅲ.①高桩码头—修缮加固 Ⅳ.①U656.1

中国版本图书馆 CIP 数据核字(2017)第 304804 号

水工建筑技术研究论丛

书　　名：高桩码头结构修复加固技术
著 作 者：张　强　孙熙平　刘现鹏　李越松　焉　振
责任编辑：韩亚楠　朱明周
出版发行：人民交通出版社股份有限公司
地　　址：(100011)北京市朝阳区安定门外外馆斜街 3 号
网　　址：http://www.ccpress.com.cn
销售电话：(010)59757973
总 经 销：人民交通出版社股份有限公司发行部
经　　销：各地新华书店
印　　刷：北京鑫正大印刷有限公司
开　　本：720×960　1/16
印　　张：9.25
字　　数：170 千
版　　次：2017 年 12 月　第 1 版
印　　次：2017 年 12 月　第 1 次印刷
书　　号：ISBN 978-7-114-14381-6
定　　价：40.00 元

前　言

经过近几十年港口及海岸工程的大规模发展，码头建设趋于饱和。由于国内外贸易发展的需求，大量已建码头超负荷运转成为普遍现象，加之码头建设年代各异导致的结构破损和材料劣化，有必要建立和完善码头修复和加固技术，以适应港口和海岸工程发展需要。

高桩码头是用系列长桩打入地基形成桩基础，以承受上部结构传来的荷载，是适用于软土层较厚地区的码头结构形式，在我国淤泥质海岸的应用十分广泛。相比其他码头结构形式，高桩码头耐久性更差，结构损伤更为普遍，对于修复加固技术的需求也更为迫切。经过数十年的发展，工程实践中已总结出了很多高桩码头结构修复加固方法。本书在调查总结高桩码头破损原因基础上，旨在总结归纳高桩码头修复加固技术，分别从梁板承台、基桩（叉桩）、接岸结构等方面予以介绍，并辅以具体工程实例或者研究案例说明。本书的研究成果可为高桩码头的修复加固及维修使用提供丰富参考，也可推动港口学科的发展，促进实际工程经验及理论的进步。

本书研究内容主要由交通运输部天津水运工程科学研究院水工建筑技术研究中心在长期工程实践中归纳总结，并投入大量科学研究。交通运输部天津水运工程科学研究院水工建筑技术研究中心研究员张强、副研究员孙熙平、李越松等为本书研究做出了卓有成效的贡献；助理研究员焉振参与本书有关研究工作和资料的整理。

随着人们认知的不断升级，码头修复加固技术在实践中也不断创新，某些观点与方法会随着工程实践及研究工作的不断深入而得到改进。鉴于作者的水平及经验所限，书中存在的缺点和不足之处，敬请读者批评指正。

目　录

第1章 概　　述

1.1　背景和意义

高桩码头是用系列长桩打入地基形成桩基础，以承受上部结构传来的荷载，地面以上的桩身又是码头主体结构的组成部分。由于其结构的差异变位小，对挖泥超深的适应性强，砂、石料用量少，适用于软土层较厚地区，在我国淤泥质海岸的上海港、长江下游一带的港口以及天津港、广州港等地区应用十分广泛。但是高桩码头对荷载比较敏感，构件易损坏，建筑物的耐久性比重力式和板桩码头差，尤其是在长期使用过程中受环境荷载、温度应力等作用以及结构材料老化等原因影响，结构不可避免地存在不同程度的损伤，如裂缝、混凝土剥离剥落、露筋、钢筋锈蚀等。因此，研究港口码头水工建筑物修复加固技术，形成贯穿于建筑物全生命过程保证其安全运行的较为系统的成套技术，是港口与海岸工程新的发展趋势。

当前，水运工程建设和安全管理对港口码头修复加固技术的需求是多样的、巨大的和迫切的，从发展趋势看未来情形还将加剧。近十几年来，我国水路交通和水运工程基础设施建设发展很快，取得了巨大的成就。但是我国水运工程基础设施还远远不能满足国民经济和国内外贸易的发展需求，高桩码头超负荷运转是普遍现象，造成高桩码头结构构件破坏现象显著增多和码头改造升级需求激增。另外，我国现有生产用高桩码头泊位建造年代各异，其中很多已经建成使用数十年，例如有已建成90多年的码头仍在使用，这些“高龄”高桩码头均有不同程度的结构破损和材料劣化现象。根据上述工程实践状况和行业发展趋势，无疑应该更加关注和进一步发展高桩码头修复加固技术，这既是工程实践发展的要求，也是行业管理的需要。随着高桩码头向深水化、专业化、大型化发展和国际贸易运输的发展，高桩码头加固等运行期安全保障技术将被赋予更多和更高的新要求。

1.2　主要内容

经过数十年的发展，工程实践中已总结出了很多高桩码头结构修复加固方法，如封闭法、加大截面加固法、外包钢加固法、粘贴碳纤维布加固法等，其中有些方法已经被写入国家或行业标准。这些方法可以满足大多数情况下高桩码头的修复加固需要。

高桩码头结构构件出现破坏现象后，可考虑选择按原结构恢复、按规范方法修复、借鉴类似工程经验、开发新方法进行试验性加固等方式处理。例如，码头面板发生破坏，由于构件位于水面以上，环境条件对施工的限制小，可以采用压抹勾缝法、灌浆修复法、粘贴碳纤维布修复法等方法处理，也可以采用更换新构件法来解决问题。又如，对常见的桩帽劈裂、剥皮等破坏现象，混凝土外包法在大多数情况下可以很好地解决问题。

工程上还有很多情况，结构构件破坏后很难进行修复加固。造成修复加固困难的原因主要有：环境条件对施工的限制性大、不能影响生产等管理要求高、数量少、动用大型设备费用高等。由于施工可行性、管理要求和经济性这 3 项指标的相互影响和制约，一些高桩码头水工结构破坏的修复加固变得十分困难，只能探索专项技术的支持或进行试验性处理。

为了给工程建设和港口设施安全管理提供经济实用的码头水工结构修复加固技术，本书在高桩码头结构主要破坏特征及破坏原因研究、码头结构加固技术现状调研、相关标准规范归纳分析、码头结构加固方法发展趋势与需求分析的基础上，对高桩码头不同部位的修复加固技术进行研究。主要内容包括：

(1)调查研究港口码头水工结构不同构件破损的主要特征，包括码头所处的水环境条件、波浪冲击、磨损、撞击、冻融循环、盐类腐蚀等。

(2)研究梁板承台破坏及加固技术，重点分析后加预应力法加固高桩码头结构及实际应用。

(3)研究高桩码头补桩加固技术及工程应用，分为置入钢质半封闭桩尖法提高灌注桩端承力技术、双护筒法穿越抛石棱体补桩加固技术、灌注桩断桩处理技术、灌注桩上下部有不同抗冻要求时的处理技术。

(4)研究高桩码头叉桩破坏原因及加固技术。

(5)研究高桩码头接岸结构破坏及加固方法，分为钢板桩式接岸结构锈损后加固以及重力式接岸结构变形后加固。

第2章　高桩码头主要破坏特征及原因

2.1　高桩码头建筑物主要组成部分及分类

2.1.1　高桩码头建筑物主要组成部分

高桩码头建筑物主要由上部结构、基桩、接岸结构和码头设施等部分组成。

高桩码头上部结构(也称桩台或者承台)的功用是构成码头地面,将各个基桩连成一个整体,直接承受作用在码头上的各种荷载,并将它们传给基桩,安装各种码头设备(如缓冲设备、系船柱、工艺管道、门机轨道等)。基桩的功用是支撑上部结构,并将作用在上部结构的荷载和外力传到地基中,同时也有利于稳固岸坡。接岸结构的功用是将桩台与港区陆域相连,挡住陆域挡土以防流失。

2.1.2　高桩码头建筑物分类

高桩码头的结构形式可根据所使用的建筑材料、上部结构形式及其与岸衔接的方式进行分类。

1)按所用的建筑材料分类

按所用的建筑材料,高桩码头可分为木结构、钢结构、钢筋混凝土结构以及以上两种材料的混合结构等形式。木结构只用于建设小型码头,现在已经很少使用。国内高桩码头上部结构一般采用钢筋混凝土结构,国外也有用钢结构的。钢筋混凝土和钢材是高桩码头桩基常用的主要材料。钢筋混凝土桩主要包括预制混凝土方桩、PHC 管桩、大管桩、灌注桩等。常用的钢桩主要是钢管桩。混凝土方桩主要用于中小型码头工程,PHC 桩可用于大中型的码头工程,大管桩和钢管桩可用于大型码头工程。

2)按上部结构形式分类

按上部结构形式,高桩码头主要有承台式、无梁板式、梁板式、高桩墩式和桁架式5种。

(1)承台式。承台式高桩码头的上部结构主要由水平承台、胸墙和靠船构件组成，承台上部回填砂石料（图 2-1）。承台一般采用现浇的混凝土结构或少筋混凝土结构，少数采用钢筋混凝土结构。承台式高桩码头一般适用于水位变化大和岸坡土质较好的情况。

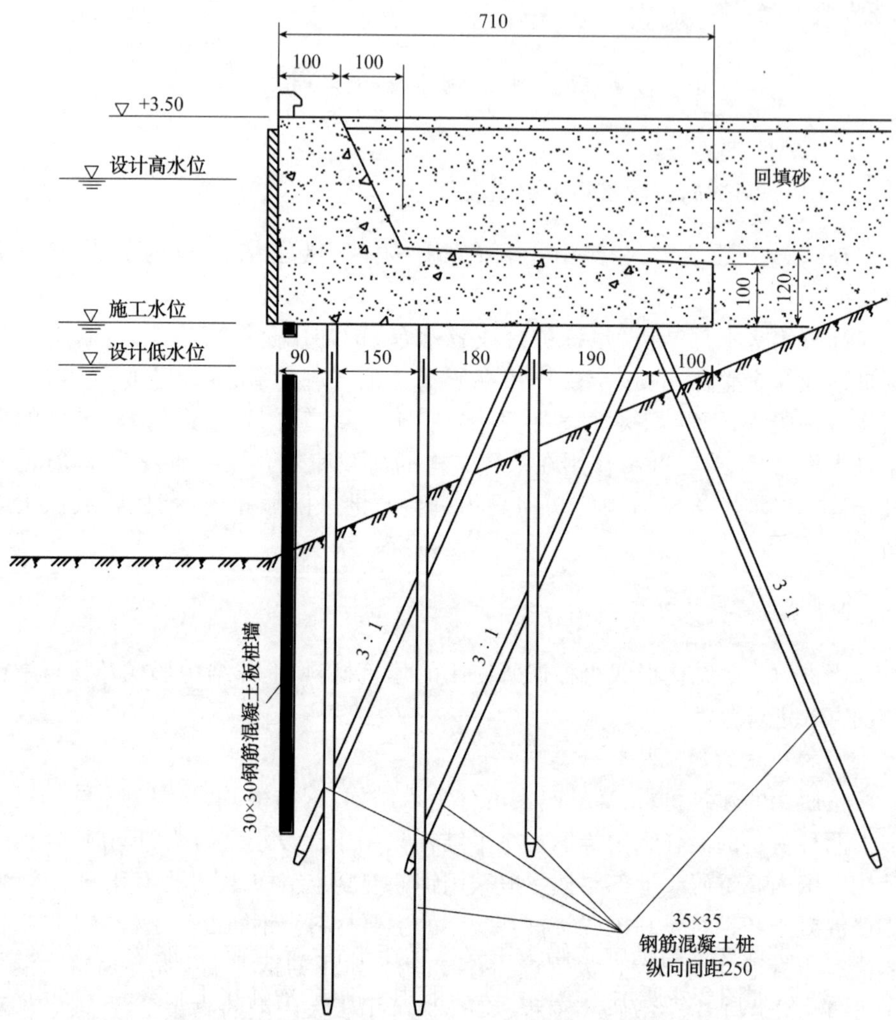

图 2-1　前板桩承台式高桩码头（尺寸单位：cm）

（2）无梁板式。无梁板式高桩码头的上部结构主要由面板、桩帽和靠船构件组成。面板直接安设在桩帽上，一般采用装配式混凝土构件（图 2-2）。无梁板式一般适用于水位差较小，码头面没有集中荷载的中小型码头。

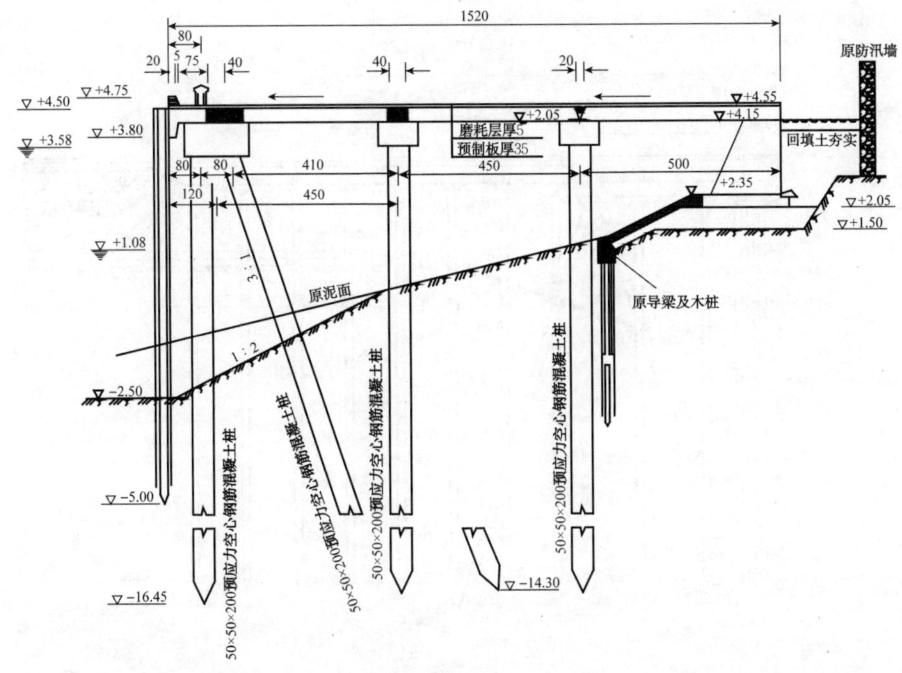

图 2-2　无梁板式高桩码头(尺寸单位:cm)

(3)梁板式。梁板式高桩码头上部结构主要由面板、纵梁、横梁、桩帽和靠船构件组成(图 2-3),是使用最广泛的结构形式。根据码头的使用要求,上部结构内还布置有工艺管沟和门机轨道等。码头面上的堆货荷载和流动机械荷载通过面板传递给纵梁和横梁,门机荷载直接由门机轨道梁承受,作用在靠船构件和系船柱块体上的船舶荷载通过横梁传给基桩。梁板式高桩码头一般适用于荷载较大且复杂的大型海港码头,在天津港、上海港和湛江港等地得到广泛应用。

(4)高桩墩式。高桩墩式码头主要由工作平台、靠船墩、系船墩、引桥和人行桥等组成,如图 2-4 所示。墩式码头一般用于油气、液体化工码头等。墩式基桩布置形式应根据使用要求、自然条件和施工能力等确定。

(5)桁架式。桁架式高桩码头上部结构主要由面板、纵梁、桁架和水平连杆组成(图 2-5)。桁架的上弦杆同时也支撑面板和纵梁,也称上横梁。桁架式上部结构通常采用非预应力钢筋混凝土结构。桁架式高桩码头的优点是适用于大水位差情况,是内河大水位差直立式码头的主要结构形式。

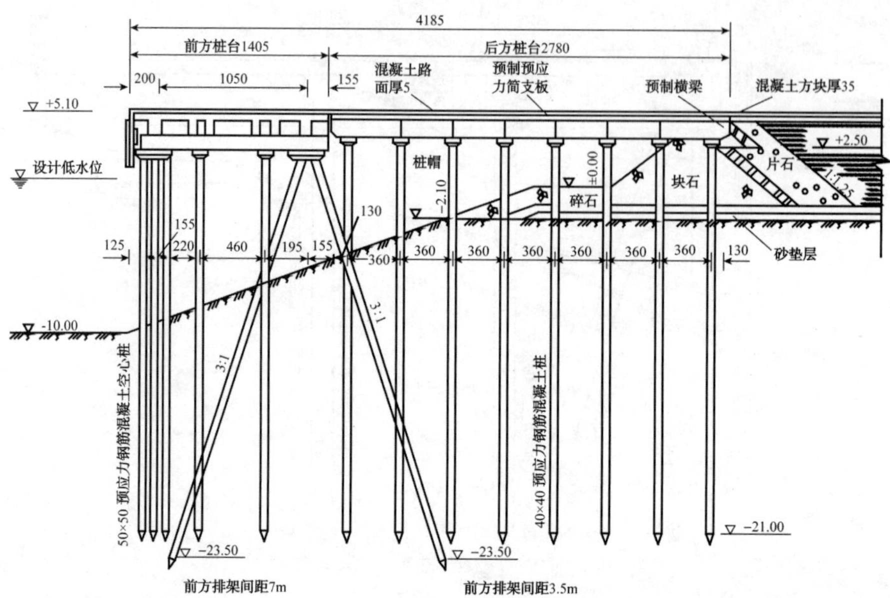

图 2-3　梁板式高桩码头(尺寸单位:cm)

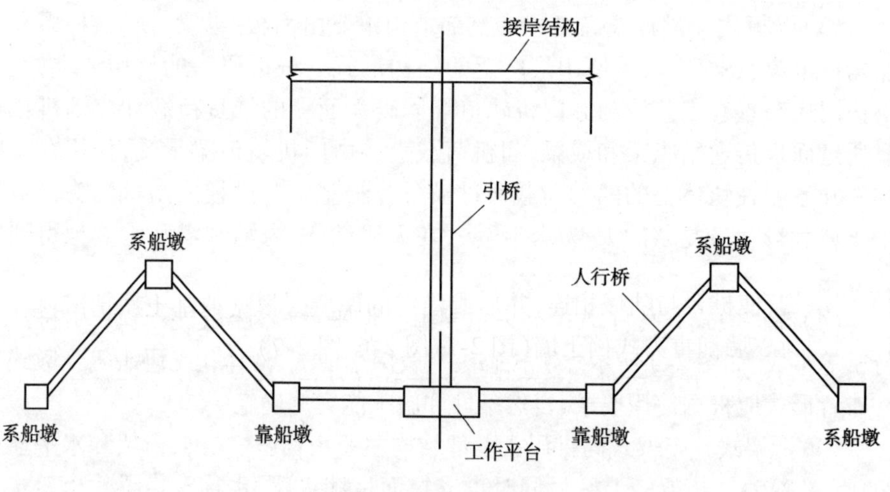

图 2-4　高桩墩式码头

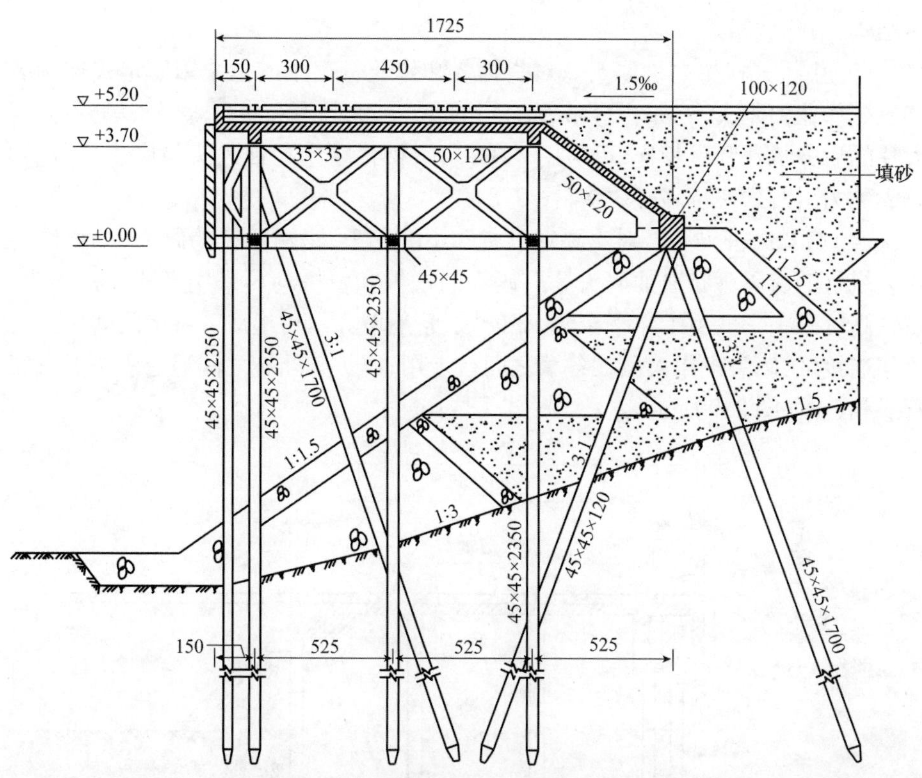

图 2-5　桁架式高桩码头(尺寸单位:cm)

3)按接岸结构形式分类

按接岸结构形式,高桩码头主要有窄桩台高桩码头、宽桩台式高桩码头、引桥式栈桥高桩码头和墩式高桩码头。

(1)窄桩台高桩码头。当码头前沿距陆域较近,桩台宽度较窄,称为窄桩台高桩码头。陆域高回填土不能形成自身稳定的土坡,通常采用直立式挡土墙作为接岸结构,使桩台与陆域相连,并形成稳定的岸壁。根据地基土质情况,接岸结构常用板桩墙和重力式挡土墙(图 2-1、图 2-6、图 2-7)。

(2)宽桩台式高桩码头。当码头前沿距陆域较远,且地基软土层较厚、土质差,或是当地缺少合适的回填材料时,为了保证码头建筑物的整体稳定性和减少填方,可在稳定岸坡上建造宽桩台式高桩码头。由于宽桩台式高桩码头结构宽度大,在此宽度内前后区域所承受的荷载差异较大,通常将整个码头结构用纵向变形缝分为前、后两个各自独立的结构——前方桩台和后方桩台(图 2-3),宽桩台高桩码头一般通过后方桩台和较矮的重力式挡土墙或人工抛石斜坡堤作为接岸结构,与陆域相连。

(3)引桥式栈桥高桩码头。对货物装卸作业量很小或是采用固定式连续装卸机械作业的码头,例如客运码头、工作船码头、油码头和出口煤码头等,不需要大片的后方承台和岸相连,可采用 2 ~ 3 条引桥将顺岸高桩码头与岸连接,这种码头称为引桥式栈桥高桩码头(图 2-8)。

(4)墩式高桩码头。对不要求堆货和不上起重、运输机械的码头(如设固定式装煤机的煤码头和输油码头等),码头的栈桥和引桥均可采用墩式高桩码头。墩式高桩码头一般由工作平台墩、靠船墩、系船墩和引桥组成。各墩之间用人行桥相连接,供码头工作人员在各墩之间行走用;码头与陆域之间通过引桥或海底管线相连,如图 2-9 所示。

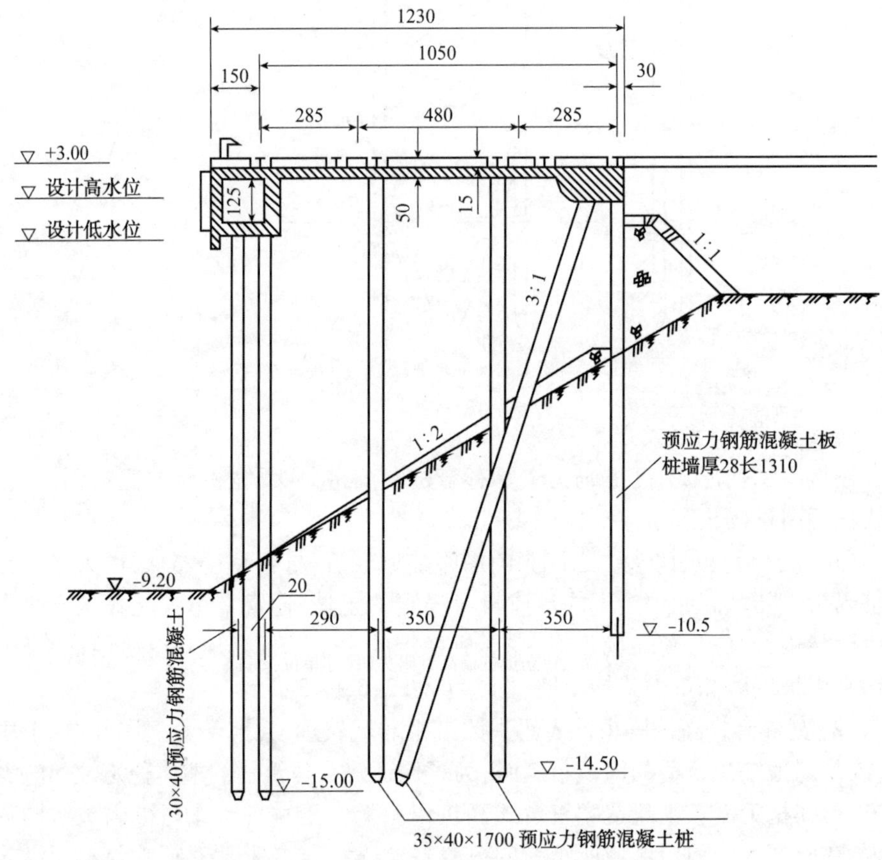

图 2-6　后板桩高桩码头(尺寸单位:cm)

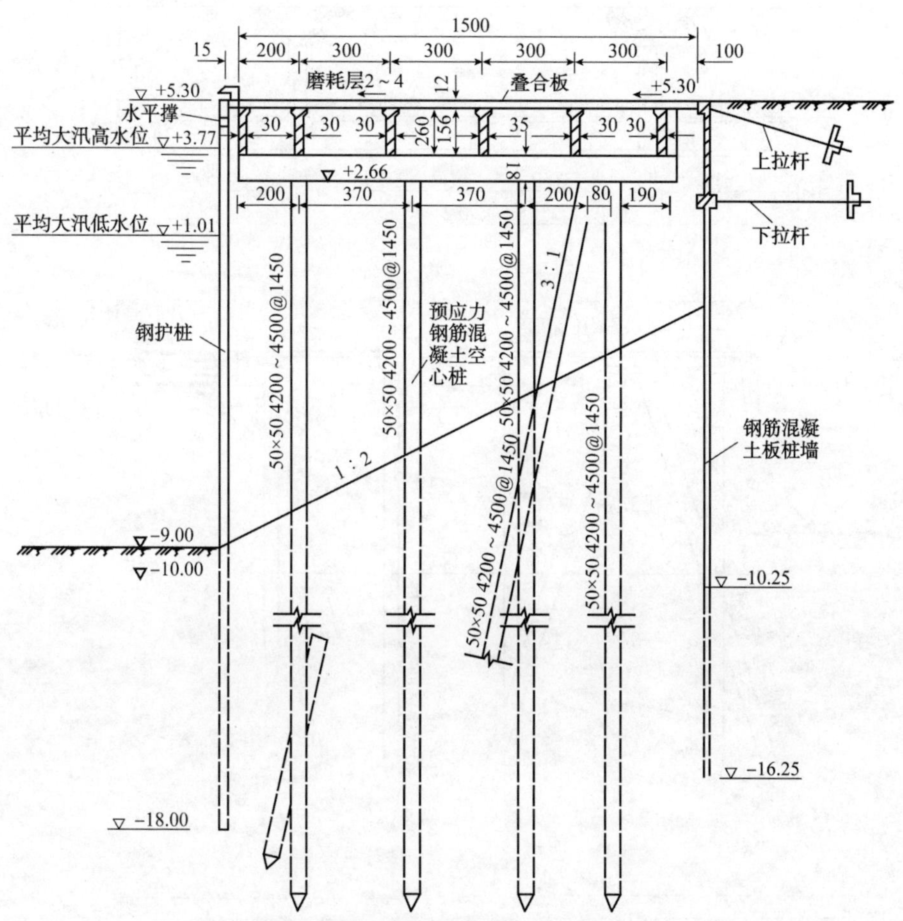

图2-7 独立板桩墙高桩码头(尺寸单位:cm)

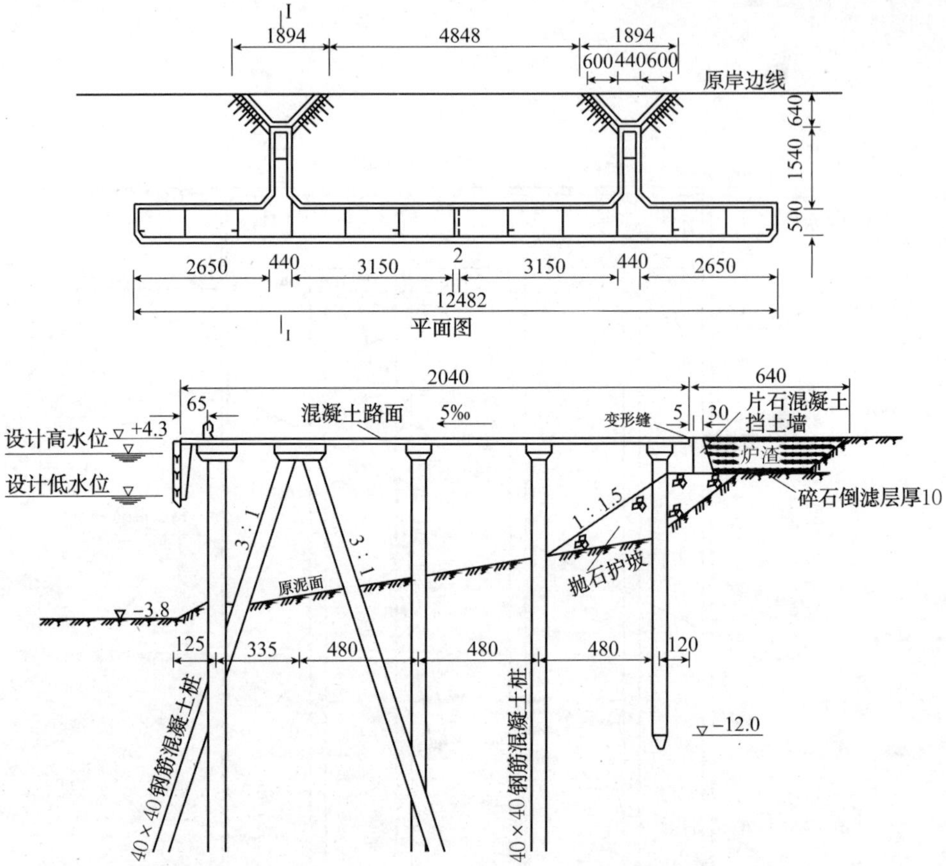

图 2-8 引桥式栈桥高桩码头(尺寸单位:cm)

a) 内河煤码头　　b) 海上油码头

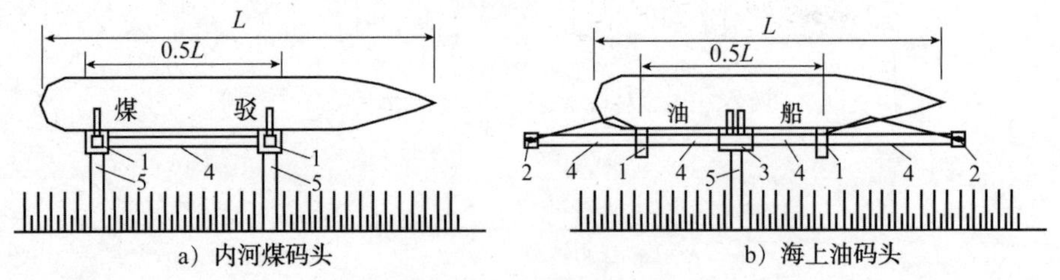

图 2-9 墩式栈桥高桩码头

1-靠船墩;2-系船墩;3-装卸平台;4-人行桥;5-引桥

2.2　高桩码头主要破坏特征

高桩码头对荷载变化的适应能力较差，码头上部构件处在水位变动区和浪溅区容易发生锈蚀，另外码头装卸作业中也难以避免出现对构件的冲砸、过载、船舶停靠过程中碰撞等现象，使码头结构在使用过程中经常发生梁、板、桩、桩帽等构件不同程度的破坏或损伤现象，直接影响码头的正常使用。

在上述破损现象中，钢筋锈蚀产生混凝土剥落的耐久性破损最为常见，其中板、梁构件的锈蚀破损最为严重。根据对1995年天津港高桩码头调查资料的统计分析，各高桩码头的板、梁构件破损情况所占百分比见表2-1。天津港高桩码头板、梁构件破损比较普遍，其中前方面板及前方横梁的破损尤为严重。

2.2.1　面板破损

高桩码头面板损伤可分为两大类：一类是以钢筋锈蚀为主要现象的耐久性降低，另一类为由过载、冲砸等荷载作用引起的受力破损。其中第一类在面板破损中占绝大多数。这两类面板破损的典型形态如图2-10所示。

a）栈桥码头13～14排3号与4号板南端钢筋锈蚀

b）渤油90m码头面板板底露筋锈蚀状况

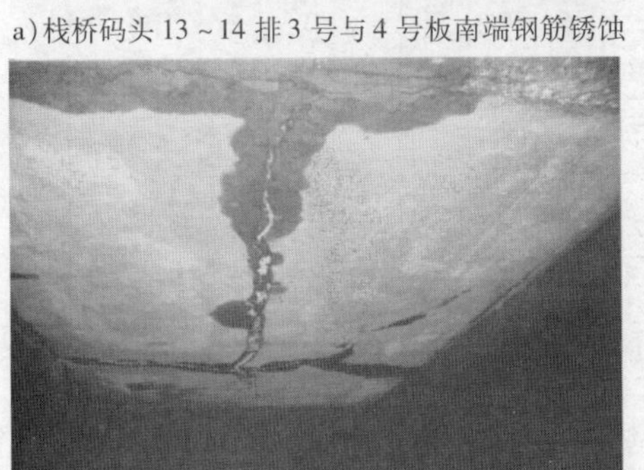

c）海工码头15～16排4号面板板底开裂

d）大东港2～5号泊位103～104排被砸面板板底状况

图2-10　码头面板破坏典型形态

天津港各码头板、梁破损构件所占百分比统计表

表 2-1

构件名称	前方面板			后方面板			前方横梁			后方横梁			纵 梁		
码头泊位	构件总数（块）	破损数量（块）	占百分数（%）	构件总数（块）	破损数量（块）	占百分数（%）	构件总数（根）	破损数量（根）	占百分数（%）	构件总数（根）	破损数量（根）	占百分数（%）	构件总数（根）	破损数量（根）	占百分数（%）
客运	180	100	55.6	460	37	8.0	94	75	79.8	94	31	33.0	—	—	—
1~3 段	638	7	1.1	—	—	—	—	—	—	—	—	—	—	—	—
7~8 段	252	4	1.6	605	19	3.1	61	3	4.9	305	14	4.6	—	—	—
9~11 段	352	7	2.0	1169	81	6.9	86	4	4.6	588	9	1.5	—	—	—
一突堤堤头	220	104	47.3	319	43	13.5	102	43	42.2	174	33	19.0	—	—	—
12~13 段	666	94	14.1	1278	61	4.8	75	1	1.3	555	50	9.0	648	31	4.8
14~15 段	186	53	28.5	1871	184	9.8	46	1	2.2	775	45	5.8	276	26	9.4
16~18 段	175	85	48.6	2818	34	1.2	—	—	—	1397	19	1.4	—	—	—
二突堤堤头	36	12	33.3	468	11	2.4	—	—	—	216	22	10.2	—	—	—
油码头	235	44	18.7	—	—	—	34	3	8.8	—	—	—	—	—	—
19~20 段	204	25	12.2	2346	184	7.8	51	14	27.4	760	82	10.8	108	26	24.1
21 段	612	47	7.7	608	30	4.9	118	53	44.9	177	48	27.1	156	1	0.6
27~29 段	516	175	33.9	2272	101	4.4	130	60	46.2	520	162	31.2	—	—	—
南疆工作船	—	—	—	—	—	—	82	72	87.8	—	—	—	—	—	—

以天津港为例，从1985年开始对码头结构的工作状况进行定期调查，发现20世纪70年代以前建造的码头的面板构件一般都出现了较严重的锈蚀破损。1975年建成的三突堤码头（即22~26段码头和三突堤堤头），于1994年发现在26~27段码头的连接段有70多块面板因钢筋锈蚀而产生保护层混凝土大面积剥落的现象，对码头的安全性带来了十分严重的影响。天津港20世纪80年代以前建成的码头其面板构件大多数进行过一次或多次维修。

根据历年大量的调查资料分析，高桩码头面板构件破损形态主要有：混凝土表面胀裂、混凝土表面疏松剥落、混凝土表面空鼓层裂、锈斑、露筋、顺筋裂缝、受力裂缝等。对天津港码头面板耐久性破坏的主要类型总结归纳如下：

(1)混凝土保护层的耐久性不良引起混凝土内钢筋锈蚀。这种类型的钢筋锈蚀一般是在混凝土保护层破坏以后，钢筋才开始锈蚀的。

混凝土本身的抗蚀、抗冲耐磨性能差，在腐蚀性介质作用下或波浪的冲刷下，由于强度下降而破损，进而使混凝土内钢筋锈蚀；混凝土抗冻融性能差，在多次冻融循环下局部混凝土受损，从而减弱了混凝土对钢筋的保护作用，使混凝土内钢筋易锈蚀；能够溶解水泥石组分的液体介质对混凝土的腐蚀，混凝土孔隙内溶液与水泥石组分发生化学反应引起混凝土的腐蚀（如酸和某些盐溶液对混凝土的腐蚀）等，使混凝土保护层的耐久性下降而促使混凝土内钢筋锈蚀；混凝土表面裂缝处流白液，被称为混凝土的“白死病”，即混凝土构件表面产生受力裂缝时，混凝土内部浸出的氢氧化钙经化学作用而生成白色沉积物充填在裂缝中，白色沉积物的出现表明水泥石组分已经溶解，说明混凝土已经开始腐蚀。

(2)混凝土对钢筋的保护性不足引起混凝土内的钢筋锈蚀。混凝土对钢筋的保护性好坏取决于混凝土胶结材料的品种，混凝土外加剂的性能，混凝土的密实性、均匀性，以及混凝土保护层的厚度等。

保护层混凝土的厚度不足减弱了混凝土对钢筋的保护作用，此时构件表面易产生顺筋裂缝，裂缝形态有沿主筋方向的，也有沿箍筋方向的，钢筋锈蚀比较严重；混凝土施工质量均匀性差，腐蚀性介质首先从混凝土质量差的部位渗入混凝土内部，易使钢筋锈蚀，如有的构件表面有狗洞、蜂窝，使混凝土保护层失去对钢筋的保护作用，此时构件的破损位置是随机的，与施工质量分布的随机性有关；码头下部构件受漂浮物碰撞而使构件表层混凝土受损，从而减弱了混凝土对钢筋的保护作用，使得混凝土内钢筋生锈；构件的工作环境对混凝土内钢筋的锈蚀也有很大的影响，如处于码头前沿迎浪面的构件，位于浪溅区的部位，由于混凝土表面有充足的氧、水分及氯离子，所以此处构件内的钢筋比其他部位构件内的钢筋容易生锈，码头底下通风条件差，构件长期处于闷热潮湿的环境中，混凝土内的钢筋也易生锈；设计时码头伸缩缝宽度不够，码头施工时，往往有的伸缩缝被填死，造成伸缩缝附近的混凝土挤压破损现象也不少，这也使得混凝土内的钢筋易发生锈蚀；由于超载或基桩的不均匀沉降等原因使构件表面混凝土开裂，从而减弱混凝土对钢筋的保护能力，易使混凝土内钢筋锈蚀。

2.2.2 梁构件破损

(1)天津港码头横梁破损特点

天津港高桩码头梁构件包括横梁、纵梁(包括门机梁、火车梁)等。根据多年对天津港码头梁构件的破损情况调查，梁构件破损的代表性区段是三突堤堤头前承台横梁出现开裂、16～18 段码头倒 1 横梁出现开裂破坏。

高桩码头梁构件典型破损形态如图 2-11 所示。

a)栈桥码头 2 排 2 号横梁裂缝

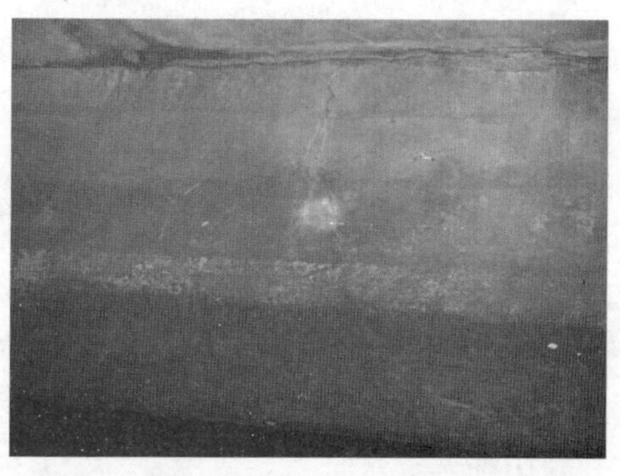

b)16～18 段码头丁 4 区 7 排倒 1 梁开裂

c)19～20 段码头 2 排后 4 横梁翼缘露筋

d)海工码头 2 排 5 号横梁破损

图 2-11 梁构件典型破损形态

梁构件破损出现较多的是预应力横梁构件出现自上而下的开裂现象。三突堤前承台横梁开裂、16～18 段码头倒 1 横梁开裂破坏均为这类破坏。分析认为，三突堤堤头前承台横梁开裂是由于其为连续梁结构，上部配筋不足，在现工艺荷载下产生的反弯矩太大造成横梁开裂。16～18 段倒 1 横梁开裂，主要原因是该横梁存在悬臂部分，悬臂部分多位于车道位置，荷载太大造成横梁出现负弯矩从而造成开裂。此外，水位变动区使耐久性劣化成为横梁损伤出现较多的原因。

（2）丹东大东港码头横梁破损特点

2000 年至今，2～5 号泊位码头发现开裂横梁 108 根，其中第一跨 1 根，第二跨 11 根，第三跨 85 根，第四跨 8 根，第五跨 3 根。除 55～57 排第五跨横梁外，其余横梁裂缝均发生于 1/3 跨与跨中之间的范围，"U"形裂缝贯通，绝大多数裂缝宽度在 0.5mm 以内，63～67 排 3 号梁裂缝宽度较大，达到 2mm。55～57 排第五跨横梁由于受到来自栈桥的水平力作用，已经严重断裂，处于危险状态。丹东大东港码头横梁典型破坏形态见图 2-12。

a）57 排 5 号横梁断裂

b）57 排 5 号横梁断裂

c）56 排 5 号横梁开裂

d）3 号横梁加固后又出现开裂破损

图　2-12

e)65 排 3 号横梁底部主筋已被拉断　　f)连系梁底部混凝土锈胀剥皮

图 2-12　丹东大东港 3 号泊位横梁破坏典型形态

对严重开裂的 65 排 3 号和轻微开裂的 58 排 3 号横梁进行凿开检查。检查发现:65 排 3 号横梁底部主筋已拉断,断缝间距约 6mm,该梁已失去有效的承载能力;第 58 排 3 号横梁底部钢筋没有拉断,也未见明显的缩颈产生,但已见到其发生了明显的锈蚀,这对于预应力钢筋来讲是不允许的,达到了影响安全的程度。

对上述横梁开裂破损,曾先后采用粘贴碳纤维布加固、后张体外预应力钢绞线加固、粘贴碳纤维布加固后再外加后张体外预应力钢绞线加固、后张体外预应力钢绞线加固后再外加钢套管钢绞线加固等方法进行过加固修复。迄今为止已加固过的梁有 91 根,详见表 2-2。由于采用碳纤维布加固的梁又有开裂现象,又采用体外预应力外包混凝土的方法重新对其进行了加固。后来部分体外预应力方法加固的梁也发生了二次开裂,遂采取再外加钢套管钢绞线方法进行加固修复。加固修复的 91 根横梁中有 51 根再次发生开裂。

虽几经加固维修,维修后的梁仍有接近 60% 再次发生开裂,而且新开裂横梁仍在继续增加,开裂范围已经向第二跨扩展,这说明仅凭简单的加固维修已经很难解决横梁的开裂问题,由其带来的危险性依然存在,这是由码头负荷过大和码头承载能力有限共同作用造成的。

2.2.3　桩帽破损

根据天津港、丹东港等港口码头调查资料,高桩码头桩帽典型破坏形态有混凝土剥落、劈裂、断裂、开裂、材料劣化等,见图 2-13。

丹东大东港2~5号泊位横梁维修后开裂状况统计　　表2-2

排架号	构件号	状态	排架号	构件号	状态	排架号	构件号	状态
14	4	未修	53	3	有缝	80	2	未修
24	3	有缝	54	3	微缝	80	3	有缝
25	3	无缝	55	3	有缝	81	3	无缝
26	3	无缝	55	5	未修	81	4	未修
27	3	无缝	56	3	有缝	82	3	微缝
28	3	无缝	56	4	有缝	83	2	未修
28	4	未修	56	5	未修	83	3	无缝
29	3	无缝	57	3	微缝	84	3	无缝
30	3	有缝	57	5	未修	85	3	有缝
31	3	有缝	58	3	有缝	86	3	无缝
32	3	有缝	59	3	有缝	87	3	无缝
33	3	有缝	60	3	无缝	88	3	有缝
34	3	有缝	61	3	无缝	88	4	未修
35	3	无缝	62	3	无缝	89	2	未修
36	3	无缝	63	3	有缝	89	3	有缝
37	3	无缝	64	3	有缝	90	3	有缝
38	3	无缝	65	3	有缝	91	2	未修
39	3	有缝	65	2	未修	91	3	无缝
40	3	微缝	66	3	有缝	92	2	未修
41	3	无缝	67	2	有缝	92	3	无缝
42	3	无缝	67	3	有缝	93	3	有缝
43	3	无缝	68	2	未修	94	3	有缝
44	3	有缝	68	3	微缝	95	3	有缝
45	3	有缝	68	4	未修	96	3	有缝
46	3	有缝	69	3	有缝	97	3	有缝
47	2	未修	70	3	微缝	98	3	有缝
47	3	有缝	71	3	无缝	99	3	有缝
48	3	有缝	72	3	无缝	100	3	有缝
49	3	有缝	73	3	有缝	101	3	无缝
49	4	无缝	74	3	微缝	102	3	有缝
50	3	有缝	75	3	微缝	103	3	无缝
51	3	有缝	76	2	无缝	104	3	有缝
51	4	未修	76	3	无缝	105	3	有缝
52	1	有缝	77	3	有缝	106	3	有缝
52	2	有缝	78	3	无缝	107	3	无缝
52	3	有缝	79	3	无缝	108	3	有缝

a)直桩桩帽混凝土劈裂

b)直桩桩帽混凝土破损

c)直桩桩帽混凝土开裂

d)直桩桩帽劈裂后横梁支承长度不足

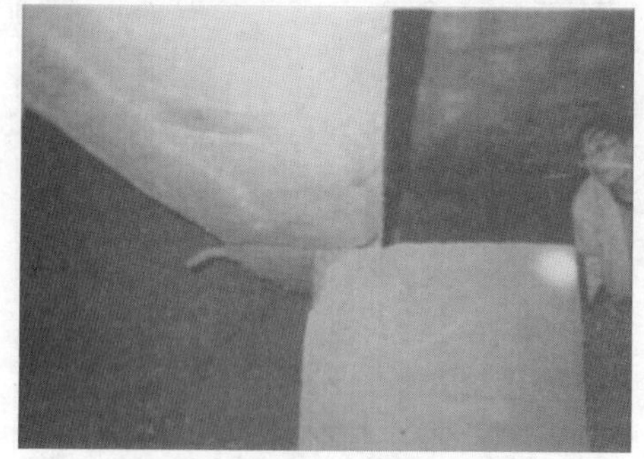

e)岸坡变形造成桩帽顶横梁搁置宽度不足

f)桩帽混凝土劣化

图 2-13

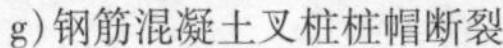

g)钢筋混凝土叉桩桩帽断裂

h)钢管桩叉桩桩帽混凝土开裂

图2-13 高桩码头桩帽典型破坏形态

高桩码头桩帽破损主要有下列特点：

(1)以天津港高桩码头结构为例，许多桩帽构件在平行于简支横梁轴线的侧面中间部位出现竖向裂缝，有的是一侧有裂缝，有的是两侧对称出现。还有很多桩帽是在横梁下方的侧面出现钢筋混凝土保护层劈裂剥落现象。

(2)叉桩桩帽从中间断裂破坏的现象也时有发生。

(3)以东北地区的高桩码头为例，在施工质量有缺陷的和发生局部损伤的桩帽中存在发生冻融破坏的情况。

(4)岸坡土体变形造成桩帽与支承在其上的横梁出现相对错位，使横梁支承长度和搁置宽度减小，结构安全性降低，给码头结构带来巨大隐患。这一安全隐患具有一定的特殊性和隐蔽性，是一种值得密切关注的码头结构破坏形式。

高桩码头桩帽破损对码头结构造成了严重的安全隐患，也会显著影响结构的耐久性。目前对桩帽产生这种破损问题的机理研究还不多，也不够深入，对其修复一般都采用钢筋混凝土外包加固或勾抹环氧砂浆修复的方法，但修复后还常常出现再破损的情况。

2.2.4 基桩破坏

天津港老码头的基桩主要是预应力混凝土方桩，分为直桩和叉桩。丹东大东港基桩有钢管桩、钢筋混凝土方桩等形式。

(1)直桩破坏

荷载作用、环境条件、约束应力、耐久性损伤等因素都可能造成码头直桩的变形和破损。图2-14所示为直桩桩顶缩颈破损状况。

近几年出现较多的直桩断裂破坏情况，是位于码头前沿的直桩受到船舶球鼻艏撞击而断裂。2007年4月6日，天津港10段码头42排前1直桩受船舶撞击桩顶发生断裂，破坏形态见图2-15。表2-3中给出了天津港高桩码头基桩断裂的部分工程实例。

图 2-14　海工码头 1 排倒 3 桩缩颈破损

图 2-15　天津港 10 段码头 42 排前 1 直桩桩顶受船舶撞击断裂

天津港高桩码头部分直桩破损情况统计表　　表 2-3

序号	时间	位　置	原　因
1	2004. 12	22 ~ 24 段码头,59 排前 1 直桩	船舶撞击
2	2005. 10. 9	客运码头,54 排前 1 直桩	船舶撞击
3	2006. 3. 14	客运码头,42 排前 1 直桩	船舶撞击
4	2007. 4. 6	10 段码头,42 排前 1 直桩	船舶撞击

(2)叉桩破坏

板梁式高桩码头结构的水平力主要由叉桩承担。天津港高桩码头前承台每个排架一般只布置 1 对叉桩,是结构中的相对薄弱部位。另外多数码头建设年代较早、使用时间长,叉桩等主要构件的破损较多。同时,为适应运量急剧增加的需求,很多码头都已进行或拟进行升级改造,这也可能使码头结构破损数量增加。

近几年天津港码头叉桩破损数量和位置等情况见表 2-4。码头叉桩典型破损形态见图 2-16。

近几年天津港码头叉桩破坏汇总表　　表 2-4

泊位	排架	构件号	破 损 形 态
5 ~ 增 6 段	49 排	前 2 后叉桩	桩顶断裂,裂缝长 2. 0m,缝宽 0. 1mm
	51 排	前 2 后叉桩	桩顶断裂,裂缝长 2. 0m,缝宽 0. 1mm
	52 排	前 2 后叉桩	桩顶断裂,裂缝长 2. 0m,缝宽 0. 1mm
14 ~ 15 段	戊区 5 排	前 1	桩顶断裂
	戊区 6 排	前 1	桩顶断裂,裂缝长 2. 0m,缝宽 0. 2mm
	丙 3 区 3 排	前 1 叉桩	2006. 7. 20 受船舶撞击断裂

续上表

泊位	排架	构件号	破　损　形　态
16 ~ 18 段码头	丁 3 区 15 排	叉桩后桩	桩顶断开，裂缝长 1.8m，缝宽大于 2mm
	丁 6 区 14 排	叉桩后桩	桩顶断开，裂缝长 1.8m，缝宽大于 2mm
	丁 6 区 18 排	叉桩后桩	桩顶断开，裂缝长 1.8m，缝宽大于 2mm
	丁 5 区 1 排	叉桩后桩	桩顶断开，裂缝长 1.8m，缝宽 0.2mm
	壬区 7 排	南叉桩	桩顶断开，裂缝长 1.8m，缝宽 0.2mm
	壬区 7 排	北叉桩	桩顶断开，裂缝长 1.8m，缝宽 0.2mm
22 ~ 24 段码头	排架 1	向岸斜桩和向海斜桩	两叉桩均出现贯穿裂缝，并且向岸斜桩混凝土有局部压碎现象。裂缝位置在距桩帽底 0.5m 以内
	排架 4	向岸斜桩和向海斜桩	两叉桩均出现裂缝。裂缝位置在距桩帽底 0.5m 以内
	排架 5	向岸斜桩和向海斜桩	两叉桩均出现裂缝。裂缝位置在距桩帽底 0.5m 以内
	排架 13	向岸斜桩和向海斜桩	两叉桩均出现裂缝。裂缝位置在距桩帽底 0.5m 以内
	排架 31	向岸斜桩和向海斜桩	两叉桩均出现裂缝。裂缝位置在距桩帽底 0.5m 以内
	排架 34	向岸斜桩	向岸斜桩出现裂缝。裂缝位置在距桩帽底 0.5m 以内
	排架 35	向岸斜桩和向海斜桩	两叉桩均出现贯穿裂缝，并且向岸斜桩混凝土有局部压碎现象。裂缝位置在距桩帽底 0.5m 以内
	排架 38	向岸斜桩	向岸斜桩出现裂缝。裂缝位置在距桩帽底 0.5m 以内
	排架 43	向岸斜桩	向岸斜桩出现裂缝。裂缝位置在距桩帽底 0.5m 以内
	排架 56	向岸斜桩	向岸斜桩出现裂缝。裂缝位置在距桩帽底 0.5m 以内

图　2-16

图 2-16　天津港码头叉桩典型破损状况

通过现场调查及统计表明，天津港叉桩破坏具有下列特点：

①破损形态多为叉桩桩顶断裂破坏，或桩帽底部混凝土脱落破坏；

②叉桩破损位置多出现在距离桩帽底部 0.5m 的范围以内；

③其裂缝走向一般如图 2-17 所示；

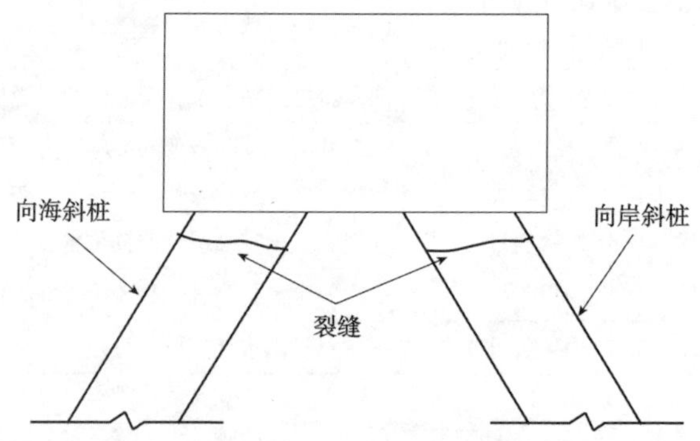

图 2-17　天津港码头叉桩开裂典型情况示意图

④向岸斜桩断裂的数量要高于向海斜桩；

⑤叉桩的破损大多属于受力破损而非耐久性破坏，有的向岸斜桩桩体内侧出现混凝土压碎现象。

叉桩破坏显著降低了码头的安全性。另外，由于混凝土出现了裂缝或压碎现象使钢筋保护层厚度减小，使得基桩中的钢筋容易遭到恶劣的海洋环境腐蚀，所以也会显著降低基桩的耐久性。

2.2.5　接岸结构变形及破损

(1)天津港接岸结构现状

1986年以前天津港码头多采用宽桩台形式,接岸结构采用棱体加浅层挡土墙和后板桩式接岸结构。由于该地区-14.00m以上为软弱的淤泥质黏土,岸坡设计坡度一般采用1∶3;因挡土墙后有填土荷载及堆货荷载,需要借助排水砂井加速软土固结,从而提高软土自身强度,维持岸坡稳定。1999年建成的南疆煤码头引桥接岸处采用CDM挡土墙加固软黏土形成接岸结构,这是国家“九五”重点科技攻关项目“海上深层水泥搅拌加固软基技术”课题的示范工程,收到了良好的效果。

工程实践证明,在天津港采用这两种接岸形式的岸坡都是稳定的。但在经过多年使用后都出现了由于岸坡土体变形引发的安全问题,接岸结构挤压码头后沿基桩,致使基桩变形,桩帽与横梁发生较大相对错位,给码头安全带来隐患。后板桩及斜顶桩式接岸结构在天津港也有应用,初期的做法是将斜桩同帽梁浇筑到一起形成固接,经过多年使用后发现该固接点附近的桩身上出现裂缝的情况很多。经研究表明是固接连接方式不当,限制了斜顶桩与帽梁间的相对转动而导致开裂。遂在以后的工程中将其设置为铰接方式,没有发生开裂情况。通过多年来对天津港码头结构的普查和检测,其接岸结构状况见表2-5。

天津港码头接岸结构状况统计　　表2-5

码头名称	竣工时间(年)	码头结构形式	接岸结构形式	现状描述
客运码头	1979	高桩梁板 高桩墩台	抛石棱体上挡土墙	未发现明显变形
一码头	1993	高桩墩台	板桩码头向外扩建	未发现明显变形
一港池西侧码头	1973	高桩梁板	后板桩式挡土墙	未发现明显变形
一港池顺岸码头	1978	高桩梁板	斜顶桩板桩墙	未发现明显变形
一突堤西侧码头	1978	高桩梁板	斜顶桩板桩墙	明显变形桩数12根
一突堤堤头码头	1978	高桩梁板	斜顶桩板桩墙	未发现明显变形
一突堤东侧码头	1977	高桩梁板	斜顶桩板桩墙	明显变形桩数32根
二港池顺岸码头	1961	高桩梁板	换土加固抛石棱体	两端转角处变形明显,顺直段较少
二突堤西侧码头	1961	高桩梁板	抛石棱体挡土墙	明显变形桩数63根
二突堤堤头码头	1975	高桩无梁板	抛石棱体挡土墙	有变形破损,已修复

续上表

码头名称	竣工时间（年）	码头结构形式	接岸结构形式	现状描述
二突堤东侧码头	1961	高桩梁板	抛石棱体挡土墙	明显变形桩数57根
三港池顺岸码头	1981	高桩梁板	斜顶桩板桩墙	未发现明显变形
三突堤西侧码头	1980	高桩梁板	抛石棱体上挡土墙	明显变形桩数81根
三突堤堤头码头	1981	高桩梁板	抛石棱体上挡土墙	未发现明显变形
四港池杂货码头	1981	高桩梁板	抛石棱体上挡土墙	明显变形桩数50根
四港池集装箱码头	1985	高桩梁板	抛石棱体上挡土墙	明显变形桩数33根
东方集装箱码头	1991	高桩梁板	CDM基础扶壁式挡土墙	未发现明显变形
矿建码头	1991	CDM地基沉箱重力式	CDM地基沉箱重力式	未发现明显变形
南疆焦炭码头中部引桥处断面	1999	高桩梁板	CDM挡土墙	未发现明显变形

从表2-5可见，天津港在1961～1981年间建设的码头，有相当一部分其靠近挡土墙的后3排基桩发生了变形、破损现象。由岸坡土体-接岸结构造成的码头靠近挡土墙处基桩变形典型状况见图2-18，部分码头接岸结构典型破损形态见图2-19。

a）横梁与桩帽纵向错位

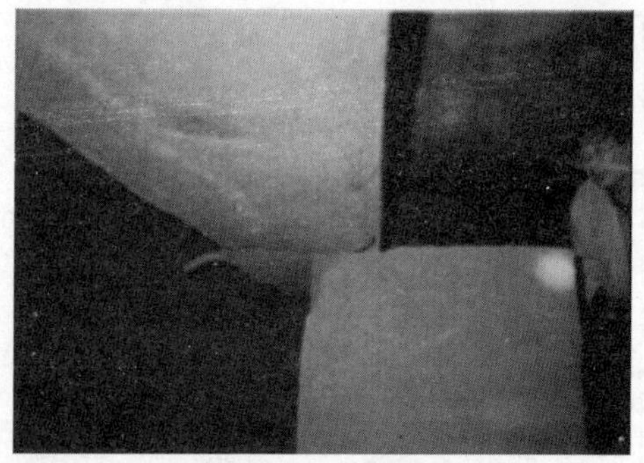

b）横梁与桩帽纵向错位

图 2-18

c)后排桩倾斜

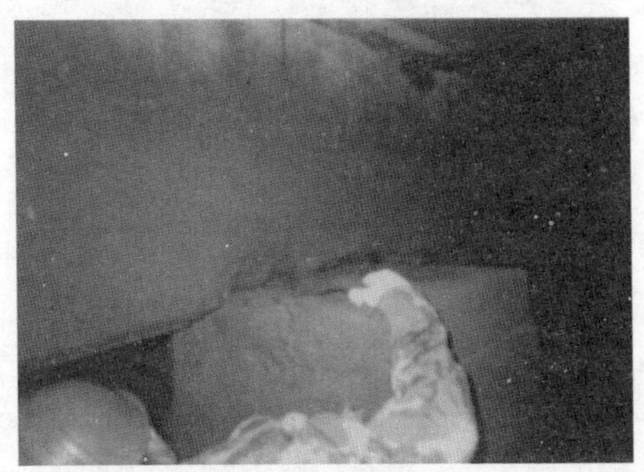

d)销筋锈断

图2-18 天津港码头靠近挡土墙处基桩变形典型状况

a)海工码头53~54排挡土墙开裂

b)9~11号泊位接岸结构钢板桩锈蚀

图2-19 高桩码头接岸结构典型破损形态

从分布位置上看,尤其是位于突堤根部的转角码头的基桩变形破损最为严重,13~14段转角码头、15~16段转角码头、20~21段转角码头、21~22段转角码头、26~27段转角码头基桩变形破损数量分别占到总数量的100%、78%、76%、70%和58%。可见,突堤根部转角码头的基桩变形十分严重。

从接岸结构形式来看,岸坡变形最明显的是抛石棱体上挡土墙形式码头,如二突堤西侧码头(16~18段)、三突堤西侧码头(22~24段)、三突堤东侧码头(25~26段);其次是斜顶桩板桩墙形式码头,如一港池顺岸码头(7~8段)、一突堤西侧码头(9~11段)、一突堤东侧码头(12~13段)以及三港池顺岸码头(21段);采用CDM基础扶壁式挡土墙的码头及CDM基础重力式沉箱码头没有岸坡变形引起的结构损坏问题,如东突堤北侧码头(35~40段)为CDM基础上的重力式沉箱结构,自1993年建成以来没有发现过大的岸坡变形。

从岸坡土体性质及工程情况来看,软土层厚、含水率高的岸坡,以及施工期处理不利的岸坡变形量明显,如二突堤东侧码头(19~20段码头)和三突堤东侧码头(25~26段码头)。

2.2.6 高桩码头整体垮塌

(1)码头垮塌概况

某民营装卸建材的2万吨级高桩承台栈桥码头,是2005年年底刚刚竣工投产的新码头。2006年7月一只装砂船正在靠泊码头利用皮带机向船上装砂时,下游段一半栈桥码头突然向河心方向倾倒沉没,同时码头后方砌坡护岸也滑入江心,呈现典型的圆弧滑动破裂面,从码头前沿向后的纵深达40m,沿江长度达100m。事故也影响到下游正在施工的嵌岩桩码头异常变位。图2-20为该下游高桩栈桥式码头滑移倒塌事故现场照片。

a)闽江顺利码头因挖沙滑塌入江中

b)圆弧滑动造成后方堆场垮塌

c)顺利码头上游段与皮带机装船设备

d)垮塌连带堆场道路断裂

图2-20 码头垮塌事故案例

事故发生后,经潜水员下水检查,码头已滑出达40m,江心水深原实测为20m,现实测为50m。

(2)垮塌原因诊断

调查发现,码头坍塌原因为沿江河道上无节制乱采砂。顺利码头原前沿水深仅为 12m,打入的预制桩打至风化岩顶,岩上打入桩埋深仍有近 20m,这种状况下桩基是稳定的。但由于河心挖砂从-12m 竣深已达-50m,使码头前沿的面层砂流向河心,桩的入土深度由 20m 减至 2 ~ 3m。尽管码头承受的水平力很小,但是护岸坡脚变陡失稳,先是护岸向河心滑塌,冲击桩脚向河心位移,造成码头上部连同桩基一同向河心滑倒。

(3)码头垮塌过程

①码头前沿砂被采走,使桩入土深度减小,易造成坡脚失稳状态;

②护岸前方坡脚失稳向河心滑移;

③护岸后方在堆砂作用下,加快了护岸向河心倾倒滑移;

④在下滑坡脚土体推动下,栈桥码头桩脚向河心滑移,带动上部梁板折断,向河心垮塌。

2.3　破坏原因

高桩码头是淤泥质海岸及河口地区,如天津港、丹东大东港、黄骅港等,普遍采用的一种码头结构形式。此类码头往往建成后 10 年之内即会出现混凝土病害,严重处甚至无法正常使用。

引起高桩码头混凝土病害的因素很多,包括设计规范的局限性、施工质量的局限性、材料老化、荷载、工作条件和所处环境等。日常见到的病害往往是上述几种因素共同作用的结果。

根据对使用 7 ~ 25 年的高桩码头进行的抽查结果发现,高桩码头因混凝土病害造成有损坏或严重损坏的比例高达 89%。鉴于此,准确诊断高桩码头混凝土病害的原因并采取相应的防治对策,对高桩码头的安全运营和延长使用年限具有重要意义。

混凝土病害主要包括剥蚀、破碎、开裂、渗透、磨损、冻融、碳化等。为了制定有效的维修方案,需要对这些病害的成因有一个清楚的认识和了解,以便取得标本兼治的效果,从而延长混凝土的使用寿命和延长维修周期。

(1)钢筋锈蚀

混凝土的自然老化、冻融破坏、海水侵蚀、钢筋锈胀等都是自然性的破坏因素,不过因老化、冻融引起的破损在天津港码头是相对很少的,且破坏的程度也不太重。然而,由于钢筋混凝土的保护层厚度不够,钢筋受到海水侵蚀锈胀会造成混凝土剥落,这种破坏现象在天津港各高桩码头的面板、横梁中较为普遍,有些码头还比较严重。

混凝土本身是一种强碱性材料,强碱性环境会使混凝土内置金属表面形成一层钝化膜而使其不生锈。由于混凝土是一种多孔材料并可能带裂缝工作,这就给氧气、水的侵入创造了条件,在钢筋表面的电化学反应继而发生,反应的生成物 $Fe(OH)_2$ 和 $Fe(OH)_3$ 的体积比原金属 Fe 的体积大,金属锈蚀引起的膨胀造成混凝土开裂和破碎。氯离子的侵入、碳化反应以及弥散电流或由于化学环境不均匀而产生的浓差电池将加快混凝土内置金属的锈蚀速度。Mehta 等人明确将钢筋腐蚀排在影响混凝土耐久性因素的首位。可见钢筋锈蚀是导致高桩码头结构损伤的主要机制。

(2)冻融破坏

混凝土疏松多孔,其中的孔洞和毛细孔中充满水,当混凝土结构内发生冻融温度循环时,结构孔隙中的水转化成冰,毛细孔首先膨胀使混凝土产生拉应力导致材料开裂,接着孔隙中的水受冻膨胀导致骨料断裂,周围混凝土破碎。这种破坏是从外向里一小片、一小片地破碎。冻融破坏的发展速度与混凝土的孔隙度、骨料的孔隙度和吸水性、环境的潮湿度、冻融循环次数等成正比,与混凝土中空气的含量成反比。冻融破坏通常发生在寒冷地区经常与水接触的结构水平表面,对结构立面造成的破坏多发生于淹没在水中的结构的水线附近。

(3)碱骨料反应

碱骨料反应可以导致混凝土结构膨胀并产生严重开裂。碱骨料反应的机理并没有被完全研究清楚,到目前为止所掌握的原因是由于混凝土中的某些骨料,如某些硅质类骨料,它们可以与水泥中的氢氧化钾、氢氧化钠、氢氧化钙等成分发生化学反应,在骨料表面生成一种凝胶体。这种凝胶体遇水膨胀,导致周围的混凝土开裂。一旦混凝土表面产生开裂,就会有更多的水渗透进入混凝土结构内部,加速碱骨料反应的发生和发展,同时还会导致冻融破坏,进入恶性循环。碱骨料反应是一个缓慢的过程,往往需要若干年的时间才能发现它给混凝土带来的严重危害,因此,需要我们早发现,早重视。

(4)地震的影响

唐山地震对天津港码头结构构件造成了严重影响,如天津港 7 ~ 26 泊位的叉桩及叉桩桩帽损坏,也给构件后来出现开裂破损埋下了安全隐患。地震对叉桩帽以及斜顶桩等构件的影响比较大。

(5)设计方面的问题

高桩码头从设计到施工,中间有很多环节中的不确定因素影响混凝土的质量。人为缺陷的存在也给混凝土结构埋下了安全隐患。

钢筋混凝土保护层厚度设计偏小。在1987年以前，港口规范规定的钢筋混凝土保护层厚度为4cm以上，预应力的设计强度等级也无抗冻要求，这就从设计上造成了混凝土密实度不够。实际上面板底部长期处在干湿交替的浪溅区，既承受冬夏季温度变化的冻融破坏，也承受海水的侵蚀破坏，从而易造成面板底混凝土保护层的大面积透空、剥落露筋破坏。

斜顶桩式板桩挡土墙的斜顶桩与帽梁采用刚性连接，这也是造成天津港7～13段码头、一突堤堤头码头大量斜顶桩断裂的主要内因。

前承台大板采用预应力配筋，与其双向受力的实际情况有区别，造成板底沿预应力筋方向出现裂缝。

(6)施工时形成的隐患和损坏

混凝土构件在施工中钢筋放置位置偏差、模板安装不正确、施工冷缝、混凝土离析、施工误差、塑性收缩和沉降、蜂窝和石包、混凝土漏振、振捣不密实使混凝土出现蜂窝、麻面和狗洞等，除基桩外，各种构件均有这类缺陷，但主要出现在面板构件上。

7～13段码头和一突堤堤头斜顶桩的断裂破坏也有施工方面的原因，即挡土墙钢板桩后方回填的速度过快。有的区域又取消了砂井，钢板桩的入土深度不够，泊位挖泥使码头土体滑移，使斜顶桩产生了相对沉降变位等现象。

预应力板梁的设计钢筋保护层厚度为4cm，而实测已破损的板、梁钢筋保护层厚度却只有1～3cm，因而缩短了腐蚀介质侵入的路径，使混凝土中的钢筋易产生锈蚀。板与板、板与梁之间的接缝混凝土不密实，经常积水造成板的接缝处钢筋锈蚀严重。

(7)使用方面的原因

高桩码头对荷载变化的适应能力差。近年来，船舶的日益大型化对高桩码头的集疏能力提出了更高的要求，码头的升级使用情况突出，加重了码头的负担。日益频繁的荷载作用使码头上部梁板结构混凝土发生开裂、剥落等损伤。码头长年使用，码头堆载、卸载、车辆行驶、靠船、系缆等荷载造成一些构件的破损也是难免的，因使用不当造成构件破损的情况也屡见不鲜。一些靠船构件下部混凝土被撞掉落、胸墙被撞开裂，就是由于停靠船时驾驶操纵不当造成的。码头堆载时的超载、装卸操纵失误发生的冲撞，都可造成码头面板砸坏、开裂。

将杂货码头长期作盐码头、化肥码头使用，含有盐分或化肥的积水容易造成混凝土不密实的构件和接缝处混凝土内的钢筋锈蚀。

岸坡土体性质和码头接岸结构形式是发生破损的内在因素。岸坡土体中淤泥质黏土层等软土的含水率很高,呈流塑状态,在垂直附加应力作用下会产生较大的水平向变形,在约束较弱的岸坡临空面方向位移相对较大。在后方土体的推动作用下,码头承台下的岸坡区土体被朝海侧方向挤压,带动桩基发生水平向位移,是形成桩帽同上部结构间产生错动的动力来源。

码头后方堆场荷载骤然增大是发生破损的外部因素。天津港码头大多修建于几十年前,最近几年无论是从码头作业荷载的强度和作用频率来讲,均出现明显增加,突堤转角区域后方承台出现了破损情况。码头作用荷载骤然增大打破了以前码头和岸坡土体的相对稳定平衡状态,增大的附加应力使岸坡又产生了较大的位移和变形,这是导致破损情况出现的重要外因。

岸坡土体在自重及堆载作用下会产生向海侧的位移,这样就影响了桩基,从而导致码头结构的变形和位移。而且,增加后方堆场荷载对岸坡土体沉降影响较小,但却会间接导致桩基变形和受力明显增大。因此,想解决或减少码头结构的变形和位移,必须切断或降低岸坡后方土体向海侧的位移趋势,这样才能减小岸坡区域桩基的受力,从而使码头结构的变形和位移得到控制。

综上所述,高桩码头混凝土破坏的表现形式主要有渗漏、冻融、碳化、磨损、破损、剥蚀、开裂、分层、剥落等。而造成这些破坏的原因主要有3个方面:一是混凝土自身缺陷所致,包括设计缺陷、施工缺陷和材料缺陷;二是外力破坏,包括过载、腐蚀性化学物质的飞溅、地震以及火灾;三是老化与退化,包括冻融、腐蚀、内置金属锈蚀、碱骨料反应和硫酸盐侵蚀等。在对码头的混凝土破坏进行检测、诊断和评估后,可以采取针对性的修复加固措施对码头进行处治,保证码头结构和生产作业的安全。

第3章　高桩码头结构加固技术现状与发展趋势

本章对高桩码头结构加固方法进行综述，对国家、行业和地方标准中涉及修复加固的相关内容进行总结，对港口码头结构加固技术发展需求进行归纳。

3.1　高桩码头结构加固技术现状

高桩码头一般为混凝土结构，混凝土加固技术是一门涉及面较广的学科，相关的结构试验研究、理论分析及规范制定等基础工作近年来有很大进展。日本在混凝土结构裂缝修补技术方面，工作开展得较为系统全面，编制了《混凝土工程裂缝调查及补强加固技术规程》。苏联在工业厂房加固构造设计方面，积累了较为丰富的经验，出版有“结构加固构造图集”。英国、德国在混凝土结构缺陷修补、防水及防腐处理技术方面，也取得了不少成功经验。近几年，我国在混凝土结构抗震加固、旧房改造及工程事故处理方面，进行了大量的工程实践与试验研究，并且制定了《混凝土结构加固技术规范》(CECS 25—1990)等标准规范。

混凝土结构的加固方法可分为直接加固法和间接加固法两类。直接加固的方法有加大截面加固法、粘贴钢板加固法、粘贴碳纤维增强塑料加固法、置换混凝土加固法、绕丝法、锚栓锚固法等。间接加固的方法有预应力加固法、增加支承加固法等。设计时可根据实际条件和使用要求选择适宜的方法和配套的技术。

3.2　工程加固相关标准和方法

本节内容对国家标准、行业标准、部分地方标准等涉及混凝土结构加固、钢结构加固、地基基础处理的20个标准规范的有关规定和技术方法进行归纳总结。

(1)港口水工建筑物修补加固技术规范(JTS 311—2011)

本规范是我国第一本关于港口水工建筑物维修加固的规范。该规范对我国港口水工建筑物结构特点和损伤的具体原因，对混凝土结构的破损修补、加固、修复等阶段的设计、施工、检查验收提出了明确规定。

(2)港口工程混凝土粘接修补技术规程(JTJ/T 271—1999)

本规程适用于港口工程混凝土构件、结构或建筑物的缺陷、裂缝灌浆、防渗堵漏和外粘钢加固等的修补。通航与修造船厂工程可参照执行。

混凝土浅层缺陷的修补应包括混凝土表层破损深度不超过钢筋保护层的混凝土构件修补。修补材料宜选用聚合物水泥砂浆、环氧树脂水泥砂浆、防水材料、微膨胀水泥砂浆等,面积较大时可采用喷射砂浆或混凝土。混凝土构件表层缺陷的修补应包括混凝土表面出现的砂斑、砂线、蜂窝、麻面、表层裂缝等缺陷的修补。修补材料宜采用防腐涂料、聚合物水泥浆或砂浆、环氧水泥浆或砂浆、防水材料等。混凝土施工缝的处理应包括对新老混凝土施工缝的黏结力和抗渗有较高要求的混凝土结构,或加厚混凝土保护层。修补材料宜采用环氧浆液或聚合物砂浆等。混凝土防渗堵漏应包括混凝土结构表面缺陷导致的渗、漏修补。防渗堵漏的材料和方法应根据混凝土结构表面缺陷和环境的情况确定。修补材料可采用环氧树脂、聚氨酯、防水材料、堵漏剂、快硬剂等。裂缝深度大于保护层厚度的混凝土结构宜采用灌浆修补。承载静力作用的受弯、受压及受拉的混凝土结构构件,需要加固时,应采用外粘钢加固法。对处于浪溅区、水位变动区的混凝土结构,表面有不同程度缺陷的修补。修补材料应选用凝固时间短、早期强度高、性能优异的材料,可选用特种砂浆、特种混凝土、速凝剂、聚合物砂浆、环氧砂浆、特种氰凝砂浆等。水下区混凝土结构缺陷的修补,修补材料宜采用水下环氧砂浆、特种氰凝砂浆、水下不离析砂浆、水下不分散混凝土及水下混凝土等。

(3)混凝土结构加固设计规范(GB 50367—2006)

该国家标准由建设部和国家质量监督检验检疫总局联合发布,由四川省建筑科学研究院会同有关高等院校、设计、企业等单位修订而成。该规范适用于房屋和一般构筑物钢筋混凝土承重结构加固的设计。其主要规定的内容有混凝土结构加固设计的基本规定、材料、增大截面加固法、置换混凝土加固法、外加预应力加固法、外粘型钢加固法、外粘钢板加固法、粘贴纤维复合材料加固法、增设支点加固法、绕丝加固法、钢丝绳网片-聚合物砂浆外加层加固法等的设计、计算与构造规定以及有关的附录。此外,还有与各种加固方法配套使用的植筋技术、锚栓技术、混凝土裂缝修补技术和钢筋阻锈技术等。

(4)建筑抗震加固技术规程(JGJ 116—1998)

该规程为建设部标准,由中国建筑科学研究院主编。该规程适用于抗震设防烈度为6~9度地区因抗震能力不符合设防要求而需要加固的现有建筑进行抗震加固的设计及施工。

规程涉及的加固方法主要有:①面层加固法:在砌体墙表面增抹一定厚度的水泥砂浆或钢筋、水泥砂浆的加固方法;②板墙加固法:在砌体墙表面浇筑或喷射钢筋混凝土的加固方法;③外加柱加固法:在砌体墙交接处增设钢筋混凝土构造柱的加固方法;④壁柱加固法:在砌体墙垛(柱)侧面增设钢筋混凝土柱的加固方法;⑤混凝土套加固法:在原有的钢筋混凝土梁柱或砌体柱外包一定厚度的钢筋混凝土的加固方法;⑥钢构套加固法:在原有的钢筋混凝土梁柱或砌体柱外包角钢、扁钢等制成的构架的加固方法。

(5)混凝土结构加固技术规范(CECS 25—1990)

本规范为中国工程建设标准化协会标准,主编单位为四川省建筑科学研究院。该规范主要适用于工业与民用建筑中的混凝土结构,其总则第1.0.2条规定:本规范适用于因设计或施工不当、材料质量不符要求、使用功能改变、遭受灾害以及耐久性等原因而需对钢筋混凝土、预应力混凝土及素混凝土结构进行加固的设计、施工及验收。对于混凝土基础、地下结构及特种结构的加固,因化学腐蚀引起的结构损坏的加固,以及地震区结构的抗震加固,尚应符合相应的加固技术规范的规定。

根据该规范第3.3.1条的规定,混凝土结构加固方法可采用加大截面加固法、外包钢加固法、预应力加固法、改变结构传力途径加固法、外部粘钢加固法等。该规范规定了每种加固方法的计算方法、构造规定、施工要求。

(6)公路桥梁加固设计规范(JTG/T J22—2008)

该推荐性行业标准由中交第一公路勘察设计研究院有限公司主编,适用于各类公路桥梁以恢复使用功能、提高承载力、增强安全性和耐久性为目的的加固设计,一般养护工程可参照使用。规范主要内容有加固用材料、增大截面加固法、粘贴钢板加固法、粘贴纤维复合材料加固法、体外预应力加固法、改变结构体系加固法、梁桥加固、拱桥加固、悬索桥及斜拉桥加固、钢桥及钢-混组合结构桥梁加固、桥梁下部结构及基础加固、桥梁抗震加固、混凝土裂缝处理、支座及伸缩缝更换等。

梁桥的加固主要采用施加体外预应力、改变结构体系、增大截面、粘贴钢板或粘贴纤维复合材料、更换主梁、增强横向整体性等方法,也可采用上述多种方法组合。桥梁下部结构及基础加固方法:盖梁可采用施加体外预应力、增大截面、粘贴钢板或纤维复合材料等方法加固;墩柱可采用增大截面、钢套管内灌注混凝土、粘贴纤维复合材料或钢板等方法加固;台身可采用外包钢筋混凝土套管、更换台后填土、增设辅助挡土墙、框架梁加注浆锚杆等方法加固;基础可采用增大基础底面积、增大桩头面积或增加基桩、增设支撑梁等方法加固;地基可采用高压旋喷注浆、土体注浆等方法加固;墩台基础冲刷过大,可采用抛石、砌石防护、石笼、板桩防护、上游设导流坝、下游设拦砂坝等方法加固。

(7)公路桥梁加固施工技术规范(JTG/T J23—2008)

该推荐性行业标准由中交第一公路勘察设计研究院有限公司主编,适用于公路桥梁加固工程的施工,公路桥梁的改建与大、中修工程也可参照执行。规范主要内容有:混凝土桥梁表层缺陷处理、结构裂缝的处理、桥梁加固、拱桥加固、缆索承重桥梁的加固、钢桥及钢-混组合结构桥梁加固、桥梁基础及下部结构加固、桥梁抗震及防撞加固等。

规范涉及的主要修复加固方法有:①裂缝表面封闭法:对混凝土构件表面微小裂缝进行封闭处理的方法;②自动低压渗注法:采用低压注射装置,利用注浆体良好的渗透性能处理裂缝的方法;③压力注浆法:通过一定的压力将浆液压入混凝土裂缝中的方法;④套拱加固法:在原桥主拱圈底面新增拱圈,使新旧拱圈共同受力的加固方法;⑤焊接加固法:采用焊接工艺对钢构件进行加固的方法;⑥拴接加固法:采用螺栓连接工艺进行加固的方法;⑦套箍加固法:在桥梁墩身、台身表面缠绕钢带、纤维复合材料条带或浇筑钢筋混凝土形成封闭式套环的加固方法。

混凝土桥梁表层缺陷处理:混凝土修补适用于混凝土桥梁构件表面蜂窝、空洞以及较大范围破损等缺陷的修补。桥梁构件表面出现深度较小、小面积缺陷的修补,可采用水泥砂浆人工涂抹法进行修补,修补材料主要采用普通水泥砂浆或专用修补材料。当桥梁构件表面出现大面积浅层缺陷及破损时,可采用水泥砂浆喷浆修补法。聚合物水泥砂浆适用于混凝土桥梁表面的风化、剥落、露筋及小面积的破损等缺陷的修补。混凝土表面缺陷可采用改性环氧砂浆(混凝土)修补。处于严重腐蚀环境下的混凝土桥梁,其混凝土表面可进行防腐涂装。

(8)喷射混凝土加固技术规程(CECS 161—2004)

该规程为中国工程建设标准化协会标准,由国家工业建筑诊断与改造工程技术研究中心主编。本规范适用于采用喷射混凝土技术对建筑物的混凝土结构和砌体结构进行加固修复的工程设计与施工。对铁路工程、公路工程、水利水电工程等的混凝土结构和砌体结构采用喷射混凝土技术进行结构加固修复时,亦可参照本规程的有关规定执行。对于特殊环境(如腐蚀、高温等)中的混凝土结构和砌体结构,采用喷射混凝土技术进行结构加固修复时,除应遵守本规程外,尚应遵守国家现行专门标准的规定。

本规程的内容以混凝土结构采用喷射混凝土进行加固的技术为主,包括规程的适用范围、所用主要材料的技术性能指标、主要机具、主要构件加固设计计算方法和构造要求、施工技术、施工的质量检查和验收,以及相关附录等。

采用喷射混凝土这种有效的特种混凝土施工技术(干喷工艺),对受损伤或承载力不足的混凝土结构进行加固，是一种十分理想的方法。这种方法具有工艺简单、施工方便、加固质量可靠和费用低等优点，国内外常用于耐久性的受损或受破坏的混凝土结构和砌体结构的加固；因受地震、火灾、腐蚀介质等影响，而需要加固的混凝土结构；因使用功能改变造成承载力不足而需加固的混凝土结构；因抗震设防措施不能满足现行国家标准的规定而需进行抗震加固的混凝土结构和砌体结构等。

(9)自密实混凝土应用技术规程(CECS 203—2006)

该规程为中国工程建设标准化协会标准，主编单位为中国建筑标准设计研究院和清华大学。该规程适用于现场浇筑的混凝土工程和预制混凝土构件的生产，尤其适用于薄壁、钢筋密集、结构形状复杂、振捣困难的结构以及对施工噪声有特殊要求的工程。

自密实混凝土是指具有高流动度、不离析、均匀性和稳定性，浇筑时依靠其自重流动、无需振捣而达到密实的混凝土。其主要指标是自密实性能。所谓自密实性能是指混凝土浇筑时，不加振捣施工也能依靠其自重均匀地填充到模板各处的性能。自密实混凝土的自密实性能包括流动性、抗离析性和填充性，可采用坍落度扩展试验、V 漏斗试验(或 T_{50} 试验)和 U 形箱试验进行检测。

自密实混凝土技术在日本及欧洲等国家先行研究开发应用，其发展已有 20 年的历史，在国内也已应用 10 多年。近几年自密实混凝土在我国发展应用速度加快，应用领域也进一步拓展。自密实混凝土可以在现浇混凝土中应用，也可以在预制混凝土构件生产中应用，在实际应用中已得到很好的效果，特别是对于薄壁、钢筋密集和振捣困难的部位等优点更加凸显。

(10)高性能混凝土应用技术规程(CECS 207—2006)

该规程为中国工程建设标准化协会标准，主编单位为清华大学老科技工作者协会、北京交通大学土建学院。本规程适用于普通混凝土结构，不适用于轻骨料混凝土、聚合物混凝土、沥青混凝土、水工大体积混凝土和有特殊要求的混凝土结构。

高性能混凝土采用常规材料和工艺生产，是具有混凝土结构所要求的各项力学性能，且具有高耐久性、高工作性和高体积稳定性的混凝土。处于多种劣化因素综合作用下的混凝土结构宜采用高性能混凝土。根据混凝土结构所处的环境条件，高性能混凝土应满足下列一种或几种技术要求：水胶比不大于 0.38；56d 龄期的 6h 总导电量小于 1000C；300 次冻融循环后相对动弹性模量大于 80%；胶凝材料抗硫酸盐腐蚀试验的试件 15 周膨胀率小于 0.4%，混凝土最大水胶比不大于 0.45，混凝土可溶性碱总含量小于 3.0kg/m³。

(11)碳纤维片材加固混凝土结构技术规程(CECS 146—2003)

该规程为中国工程建设标准化协会标准,由国家工业建筑诊断与改造工程技术研究中心主编。本规定适用于房屋建筑和一般构筑物混凝土结构加固的设计、施工及验收;铁路工程、公路工程、港口工程和水利水电等工程中混凝土结构的加固和砌体结构、木结构加固中的共性技术,可参照本规程的有关规定执行。采用碳纤维片材加固的混凝土结构,长期使用的环境温度不应高于60℃。处于特殊环境(腐蚀、放射、高温等)下的混凝土结构采用碳纤维片材加固时,尚应遵守国家现行有关标准的规定,并采取相应的防护措施。该规程的主要内容有材料要求、设计规定、施工规定、检验及验收等。

碳纤维片材加固混凝土结构是一项新的应用外粘高性能复合材料加固结构的技术。目前国内对碳纤维片材加固混凝土结构的理论和试验研究成果已较多,设计与施工水平正在逐步提高,加固工程的数量也迅速增加。混凝土结构因设计失误、施工错误、材料质量不符合要求、荷载增加、使用功能改变和因遭受火灾、水灾、风灾、地震等灾害使结构和构件遭到破坏,均可采用碳纤维片材进行加固处理。对于铁路工程、公路工程、港口工程和水利水电工程的混凝土结构,用碳纤维片材进行加固也是可行的;同时,国内外研究和工程经验表明,对砌体结构、木结构也可以采用碳纤维片材进行加固。

采用粘贴碳纤维片材加固混凝土结构时,应通过配套黏结材料将碳纤维片材粘贴于构件表面,使碳纤维片材承受拉力,并与混凝土变形协调,共同受力。碳纤维片材可采用下列方式对混凝土结构构件进行加固:在梁、板构件的受拉区粘贴碳纤维片材进行抗弯加固,纤维方向与加固处的受拉方向一致。采用封闭式粘贴、U形粘贴或侧面粘贴对梁、柱构件进行抗剪加固,纤维方向宜与构件轴向垂直。采用封闭式粘贴对柱进行抗震加固,纤维方向与柱轴向垂直。当有可靠依据时,碳纤维片材也可用于其他形式和其他受力状况的混凝土结构构件的加固。

(12)重庆市混凝土结构加固施工及验收规程(DBJ 50-049—2006)

该规程为重庆市工程建设标准,主编单位为重庆市建设工程质量监督总站、重庆市建筑科学研究院。本规程适用于房屋和一般构筑物的混凝土结构加固施工和质量验收。市政工程的混凝土结构加固施工和质量验收可参照本规程执行。本规程的使用范围为混凝土结构因安全不满足要求、施工质量不满足要求、灾后受损修复、使用功能改变而进行的改造等进行的加固。本规程的混凝土结构包括素混凝土结构、钢筋混凝土结构和预应力混凝土结构。

规程主要内容有:总则、术语、基本规定、植筋工程、锚栓工程、混凝土构件增大截面工程、外包钢工程、粘贴钢板工程、粘贴纤维复合材料工程、混凝土裂缝修补工程、混凝土结构加固工程竣工验收。

(13)钢结构加固技术规范(CECS 77—1996)

该规范为中国工程建设标准化协会标准,由清华大学土木工程系主编。本规范适用于工业与民用建筑和一般构筑物的钢结构因设计、施工、使用管理不当,材料质量不符合要求,使用功能改变,遭受灾害损坏以及耐久性不足等原因而需要对钢结构进行加固的设计、施工和验收。规范主要内容有加固基本原则及一般方法、改变结构计算图形的加固、加大构件截面的加固、连接的加固与加固件的连接、裂纹的修复与加固、施工安全与工程验收等。

钢结构加固的主要方法有减轻荷载、改变计算图形、加大原结构构件截面和连接强度、阻止裂纹扩展等。钢结构加固时的施工方法有负荷加固、卸荷加固和从原结构上拆下加固或更新部件进行加固。

(14)钢结构检测评定及加固技术规程(YB 9257—1996)

该标准为冶金工业部行业规范,由冶金部建筑研究总院会同有关设计、生产单位共同编制。主要内容有钢结构检测、结构构件的鉴定评级、增加截面的加固方法、加固中的连接、吊车梁系统的加固、荷载作用下的焊接加固、验收及维护。

本规程适用于已有工业建(构)筑物钢结构在下列任一情况下的检测、评定、加固设计及施工与验收:因生产设备更新、工艺流程变革或生产规模扩大等原因,对厂房结构提出新的使用要求;各类事故及灾害导致结构损伤,需对其可靠性重新评定、恢复结构功能;长期使用或生产环境变化后,对原结构可靠性产生怀疑时;结构原设计或制造安装过程中遗留下较严重的缺陷,需鉴定其实际承载力;年久失修或使用年限已超过设计基准期;其他需对厂房钢结构进行可靠性鉴定的情况。

结构经可靠性鉴定不满足要求,必须进行加固处理。钢结构加固可采用增加截面、改变结构计算简图、减轻荷载、增加构件、增加支撑或加劲肋、增强连接等方法。

(15)水下深层水泥搅拌法加固软土地基技术规程(JTJ/T 259—2004)

该行业标准由交通部批准,主编单位为中港第一航务工程局、中交第一航务工程勘察设计院。本规程适用于水运工程重力式结构块式和壁式支撑型浅基础采用水下深层水泥搅拌法加固软土地基的设计、施工和检验。

水下深层水泥搅拌法是指采用专用的水下深层搅拌机,将预先制备好的水泥浆等材料注入水下地基土中,并与地基土就地强制搅拌均匀形成拌和土,利用水泥的水化及其与土粒的化学反应获得强度而使地基得到加固的方法。

水下深层水泥搅拌法加固软土地基,具有在短时间内可获取所需要的地基强度、加固后地基变形量小和施工无公害等优点,在日本、芬兰等国已广泛应用于工程,在国内也已成功应用于港口工程并取得了良好的经济和社会效益。

淤泥、淤泥质土和含水率高且地基承载力标准值低于120kPa的黏性土等的软土加固及海上施工环保要求高、海水养殖损失索赔高的工程的软基加固宜采用水下深层水泥搅拌法。

(16)既有建筑地基基础加固技术规范(JGJ 123—2000)

该行业标准由建设部批准,主编单位为中国建筑科学研究院。适用于既有建筑因勘察、设计、施工或使用不当;增加荷载、纠倾、移位、改建、古建筑保护;遭受邻近新建建筑、深基坑开挖、新建地下工程或自然灾害等的影响而需对其地基和基础进行加固的设计和施工。

既有建筑地基和基础加固的设计,应按下列步骤进行:①在选择既有建筑地基基础加固方案时,应根据加固的目的,结合地基基础和上部结构的现状,并考虑上部结构、基础和地基的共同作用,可初步选择采用加固地基、加固基础或加强上部结构刚度和加固地基基础相结合的方案;②对初步选定的各种加固方案,应分别从预期效果、施工难易程度、材料来源和运输条件、施工安全性、对邻近建筑和环境的影响、机具条件、施工工期和造价等方面进行技术经济分析和比较,选定最佳的加固方法。

地基基础的加固方法包括:基础补强注浆加固法、加大基础底面积法、加深基础法、锚杆静压桩法、树根桩法、坑式静压桩法、石灰桩法、注浆加固法、高压喷射注浆法、灰土挤密桩法、硅化法、碱液法。

基础补强注浆加固法适用于基础因受不均匀沉降、冻胀或其他原因引起的基础裂损时的加固。加大基础底面积法适用于当既有建筑的地基承载力或基础底面积尺寸不满足设计要求时的加固。可采用混凝土套或钢筋混凝土套加大基础底面积。加深基础法适用于地基浅层有较好的土层可作为持力层且地下水位较低的情况。可将原基础埋置深度加深,使基础支承在较好的持力层上,以满足设计对地基承载力和变形的要求。当地下水位较高时,应采取相应的降水或排水措施。锚杆静压桩法适用于淤泥、淤泥质土、黏性土、粉土和人工填土等地基土。树根桩法适用于淤泥、淤泥质土、黏性土、粉土、砂土、碎石土及人工填土等地基土上既有建筑的修复和增层、古建筑的整修、地下铁道的穿越等加固工程。坑式静压桩法适用于淤泥、淤泥质土、黏性土、粉土和人工填土等,且地下水位较低的情况。石灰桩法适用于处理地下水位以下的黏性土、粉土、松散粉细砂、淤泥、淤泥质土、杂填土或饱和黄土等地基及基础周围土体的加固。注浆加固法适用于砂土、粉土、黏性土和人工填土等地基加固。一般用于防渗堵漏、提高地基土的强度和变形模量以及控制地层沉降等。高压喷射注浆法适用于淤泥、淤泥质土、黏性土、粉土、黄土、砂土、人工填土和碎石土等地基。灰土挤密桩法适用于处理地下水位以上的湿陷性黄土、素填土和杂填土等地基。深层搅拌法适用于处理淤泥、淤泥质土、粉土和含水率较高的黏性土等地基。硅化法可分双液硅化法和单液硅化法。当地基土的渗透系数为大于2.0m/d的粗颗粒土时,可采用双液硅化法(水玻璃和氯化钙);当地基土的渗透系数为0.1~2.0m/d的湿陷性黄土时,可采用单液硅化法(水玻璃);对自重湿陷性黄土,宜采用无压力单液硅化法。碱液法适用于处理非自重湿陷性黄土地基。高压喷射注浆法、灰土挤密桩法、深层搅拌法、硅化法和碱液法的设计和施工应按国家现行标准《建筑地基处理技术规范》(JTJ 79)有关规定执行。

(17)建筑地基处理技术规范(JGJ 79—2002)

该规范为建设部行业标准,由中国建筑科学研究院主编。适用于建筑工程地基处理的设计、施工和质量检验。

规范中的主要处理方法有:换填垫层法:挖去地表浅层软弱土层或不均匀土层,回填坚硬、较粗粒径的材料,并夯压密实,形成垫层的地基处理方法。预压法是对地基进行堆载或真空预压,使地基土固结的地基处理方法。真空预压法是通过对覆盖于竖井地基表面的不透气薄膜内抽真空,而使地基固结的地基处理方法。强夯法是反复将夯锤提到高处使其自由落下,给地基以冲击和振动能量,将地基土夯实的地基处理方法。强夯置换法是将重锤提到高处使其自由落下形成夯坑,并不断夯击坑内回填的砂石、钢渣等硬粒料,使其形成密实的墩体的地基处理方法。振冲法是在振冲器水平振动和高压水的共同作用下,使松砂土层振密,或在软弱土层中成孔,然后回填碎石等粗粒料形成桩柱,并和原地基土组成复合地基的地基处理方法。砂石桩法是采用振动、冲击或水冲等方式在地基中成孔后,再将碎石、砂或砂石压入已成的孔中,形成砂石所构成的密实桩体,并和原桩周土组成复合地基的地基处理方法。水泥粉煤灰碎石桩法是由水泥、粉煤灰、碎石、石屑或砂等混合料加水拌和形成高黏结强度桩,并由桩、桩间土和褥垫层一起组成复合地基的地基处理方法。夯实水泥土桩法是将水泥和土按设计的比例拌和均匀,在孔内夯实至设计要求的密实度而形成加固体,并与桩间土组成复合地基的地基处理方法。水泥土搅拌法是以水泥作为固化剂的主剂,通过特制的深层搅拌机械,将固化剂和地基土强制搅拌,使软土硬结成具有整体性、水稳定性和一定强度的桩体的地基处理方法。深层搅拌法是使用水泥浆作为固化剂的水泥土搅拌法,简称湿法。粉体喷搅法是使用干水泥粉作为固化剂的水泥土搅拌法,简称干法。高压喷射注浆法是用高压水泥浆通过钻杆由水平方向的喷嘴喷出,形成喷射流,以此切割土体并与土拌和形成水泥土加固体的地基处理方法。石灰桩法是由生石灰与粉煤灰等掺合料拌和均匀,在孔内分层夯实形成竖向增强体,并与桩间土组成复合地基的地基处理方法。灰土挤密桩法是利用横向挤压成孔设备成孔,使桩间土得以挤密,用素土填入桩孔内分层夯实形成土桩,并与桩间土组成复合地基的地基处理方法。柱锤冲扩桩法是反复将柱状重锤提到高处使其自由落下冲击冲孔,然后分层填料夯实形成扩大桩体,与桩间土组成复合地基的地基处理方法。单液硅化法是采用硅酸钠溶液注入地基土层中,使土粒之间及其表面形成硅酸凝胶薄膜,增强了土颗粒间的黏结,赋予土耐水性、稳固性和不湿陷性,并提高土的抗压和抗剪强度的地基处理方法。碱液法是将加热后的碱液(即氢氧化钠溶液),以无压自流方式注入土中,使土粒表面溶合胶结形成难溶于水的,具有高强度的钙、铝硅酸盐络合物,从而达到消除黄土湿陷性、提高地基承载力目的的地基处理方法。

(18)真空预压加固软土地基技术规程(JTS 147-2—2009)

该规程为交通运输部批准的行业标准,由中交天津港湾工程研究院有限公司主编。适用于陆上真空预压加固软土地基工程的设计、施工、施工监控和加固效果检测。潮间带区域的工程可参照执行。

真空预压法是利用真空压力或真空联合堆载压力,使土体排水固结加固软土地基的方法。真空预压法宜用于加固以黏性土为主的软土地基。当存在粉土、砂土等透水透气层时,加固区周边应采取确保膜下真空压力满足设计要求的密封措施。对塑性指数大于 25 且含水率大于 85% 的流泥,应通过现场试验确定其适用性。

真空预压施工过程中应进行施工监控和加固效果检测,满足卸载标准时方可卸载。施工过程中应对下列项目进行监控:地表沉降,膜下真空压力,孔隙水压力,侧向位移,深层分层沉降,地下水位。施工过程中可根据需要对下列项目进行监控:加固区外侧边桩位移,周边建筑物的位移和沉降,塑料排水板内部的真空压力。软土地基加固前、后应进行现场原位强度检测和现场取土及室内试验,必要时尚应进行加固后的地基承载力检测。

(19)真空预压法加固软土地基施工技术规程(HG/T 20578—1995)

该规程由化学工程部批准,主编单位为化工部第一勘察设计院,自 1996 年 5 月 1 日起实施。真空预压法适用于淤泥、淤泥质土、冲填土及其他软土地基的加固处理。加固土体上覆有厚达 5m 以上的回填土或硬塑黏性土层,不宜使用此法。加固土体中夹有砂层时,应切断其加固区内外水气联系,否则不宜使用。

规程主要内容有:总则、工程准备与施工[前期工作、砂垫层及砂井(塑板)施工、预压安装、试抽真空、正常抽真空]、施工监测与工程验收等。

(20)孔内深层强夯法技术规程(CECS 197—2006)

该规程为中国工程建设标准化协会标准,主编单位为北京交通大学。该规程适用于建(构)筑物、铁路、公路、机场、港口等工程的地基处理,并可用于无机无毒固体垃圾的消纳处理。规程主要内容:基本规定、设计(一般规定、承载力特征值)、施工(施工准备、机械成孔、强夯作业)、检测与验收(自检、检测、验收)。

孔内深层强夯法是一种深层地基处理方法。该方法先成孔至预定深度,然后自下而上分层填料强夯或边填料边强夯,形成高承载力的密实桩体和强力挤密的桩间土(简称DDC法)。DDC法适用于素填土、杂填土、砂土、粉土、黏性土、湿陷性黄土、淤泥质土等地基的处理。DDC法处理地基应采用素土、砂土、碎石、建筑固体垃圾、工业废料、灰土、混凝土以及其他的非腐蚀性混合物,采用对地下水无污染的材料作为桩体填料。

3.3　港口码头结构加固技术发展趋势与需求

通过对混凝土结构加固技术发展现状和相关标准规范的总结分析可知,经过几十年的港口工程建设实践,港口码头结构加固方面已经取得了很大的发展,研究开发了许多经济可行的修复加固方法,已经颁布实施了《港口工程混凝土粘接修补技术规程》(JTJ/T 271—1999)等行业标准,这些工作为码头正常运转提供了重要支持。总体来看,在下列情况下的修复加固技术已经实践较多、比较成熟:局部加固、单构件加固、水面以上的码头结构加固、部分情况下的水下和泥下构件加固等。

工程实践和未来发展迫切要求关注混凝土结构在各种限制条件下的加固方法,这方面的需求主要包括:

(1)研究适用于水下混凝土破损的修复材料和加固技术

根据初步调研,港口码头在适用于水下部位破损的修复材料和加固技术方面,目前需求较为迫切的是抛石基床松动、掏空破坏后的加固技术。造成这种破坏形式的主要原因是超过目前设计规范设防标准的大马力拖轮在靠离泊时产生的大流速水流对抛石基床的冲刷作用等,例如大连、秦皇岛、营口等港口码头均有这类破坏情况发生。因此,拟研究升浆矽化法加固抛石基床技术。主要研究方法为结合实际工程,开展研究工作,提出研究成果。

（2）研究适用于针对不同条件的码头结构破损修复材料和施工工艺

针对适用于不同条件的码头结构破损修复材料和施工工艺方面，本次研究的重点是现场后加预应力法加固码头梁板构件技术。拟结合天津港已经开裂破损的钢筋混凝土梁构件，采用现场后加预应力法加固，主要研究内容包括预应力计算方法、预应力施加方法和加固效果监测等。

（3）研究适用于各种限制条件下的地基基础桩基加固技术。

在对高桩码头基桩进行补桩加固时，采用预制桩一般存在不具备施工环境条件、打桩施工振动影响结构安全等问题，所以多采用灌注桩。目前用灌注桩加固桩基码头时，存在施工穿越抛石棱体困难、端承力低等不足。拟开展灌注桩加固高桩码头技术措施研究，主要研究内容包括半封闭桩尖法提高端承力、双护筒法穿越抛石棱体等。

（4）研究各种加固技术的工作机理和加固效果，以及加固检测技术

研究升浆法加固抛石基床、后加预应力法加固梁构件、高桩码头灌注桩补桩等加固技术的工作机理、加固效果和检测方法。

（5）码头水工结构破损修复技术在实际工程（依托工程）中的应用

升浆法加固抛石基床、后加预应力法加固梁构件、高桩码头灌注桩补桩加固等码头结构加固修复技术在天津港、大连港等实际工程依托工程中应用。

第4章　梁板承台破坏及加固技术

4.1　适用范围及技术分类

梁板承台为混凝土构件,混凝土结构构件加固方法和工程实践均较多,各相关规范对修复加固的规定也主要涉及该方面,主要的加固方法有加大截面加固法、外包钢加固法、粘贴纤维布加固法、改变结构受力体系加固法、预应力加固法等。这些加固方法中,有的已经比较成熟,便于实施,有些在简单工况下取得了较好的应用。下面对预应力加固法、改变结构受力体系加固法、粘贴纤维布加固法等方法的特点进行简要的总结。

(1)预应力加固法

采用预应力钢筋、钢绞线、拉杆对梁、板等构件进行加固的方法,称为预应力加固法。这种方法除具有施工简便和不影响结构使用空间等优点外,还能降低被加固构件的应力水平,加固效果好,而且还能较大幅度地提高结构整体承载力,但加固后对原结构外观有一定影响,适用于大跨度或重型结构的加固以及处于高应力、高应变状态下的混凝土构件的加固。在无防护的情况下,不能用于温度在60℃以上环境中,也不宜用于混凝土收缩徐变大的结构。

预应力加固法是一种效果比较好的混凝土结构加固技术。但是在丹东港高桩码头使用预应力加固法加固梁构件均出现了二次破坏,说明这一方法还有待进一步研究,尤其是在各种限制条件下使用时,如没有施工空间钻孔难以布置、预应力钢绞线需要拐弯或斜穿结构体等工况。

(2)改变受力体系加固法

即在梁的中间部位增设支点、托梁(架)或将多跨简支梁变为连续梁等方法。改变结构的受力体系,能大幅度地降低计算弯矩,提高结构构件的承载力,达到加强原结构的目的。该法加固效果明显、可靠,但易损害建筑物的原貌和使用功能,并可能减小使用空间和造成结构受力更加复杂;适用于具体条件许可的混凝土结构加固。

(3)粘贴纤维布加固法

利用碳素纤维布和专用结构胶对受损构件进行加固处理。该技术采用的碳素纤维布,其抗拉强度是普通二级钢的10倍左右,具有重量轻、高弹性、高强度、高耐久性和耐腐蚀性强等特性,厚度仅为2mm左右,基本上不增加构件截面,能保证碳素纤维布与原构件共同工作。该方法除具有粘贴钢板相似的优点外，还具有几乎不增加结构自重、耐用、维护费用较低等优点，适用于各种受力性质的混凝土结构构件和一般构筑物。

在已经实施的港口码头加固中，粘贴纤维布加固法表现出了以下不足，有待进一步研究解决：用于基桩和桩帽，以及方块等小变形构件的修复效果较好，用于梁板等受力后变形大的结构构件多出现再破坏现象，表现为碳纤维布与构件表面粘贴不良而分离、碳纤维布与构件及碳纤维布表面的防护层变形不协调而形成夹心效应、海洋环境下黏合剂的耐久性有待进一步检验等。在丹东港高桩码头使用碳纤维布粘贴加固梁构件后，多数被加固构件出现了二次破坏。

4.2 后加预应力法加固高桩码头结构

结合天津港1～3段码头承台梁加固试验，研究后加预应力法加固高桩码头结构构件技术，总结加固方法和技术要点。

4.2.1 工程背景

天津港1～3段码头现在的结构形式是于1993年经改造扩建而成的，见图4-1。其新建的前方承台采用了高桩墩台上的梁板承台结构，桩墩以上结构由承台、简支预应力大孔板和预应力门机梁构成。墩身由18根500mm×500mm的预应力空心方桩支撑，基桩全部打入粉砂层。码头共有墩台88排，分为15个结构段，标准墩台排架间距10.05m。

后方承台宽12.5m，是将原有的钢板桩结构通过增设拉杆及锚碇系统（叉桩、桩帽、锚体等）加固后作为新码头的后方承台，钢板桩后用石灰煤渣换填以减轻钢板桩后方土压力，并采取阴极保护措施。

该码头在使用6年后，在1998年进行的港区码头秋季检查中发现有30个承台梁（面板和承台之间的部分）出现了不同程度的开裂破损，其中4个承台梁上的主裂缝宽度达10～20mm。1999年5月对该码头桩墩承台进行了复查，发现24个承台梁又有新裂缝出现，其中10个承台梁原来没有裂缝。

码头承台梁构件的开裂破损引起了码头管理部门的高度重视，数次邀请有关专家研讨构件开裂原因及对码头结构使用性能的影响。通过讨论分析，认为造成墩台开裂的原因主要是码头的不均匀沉降。根据该码头结构的特点、裂缝破坏的形式，以及沉降变形和承台梁裂缝观测数据，提出了一种后加预应力的加固方案，并选取了第24、65、66、67跨等4个承台梁进行了加固试验。

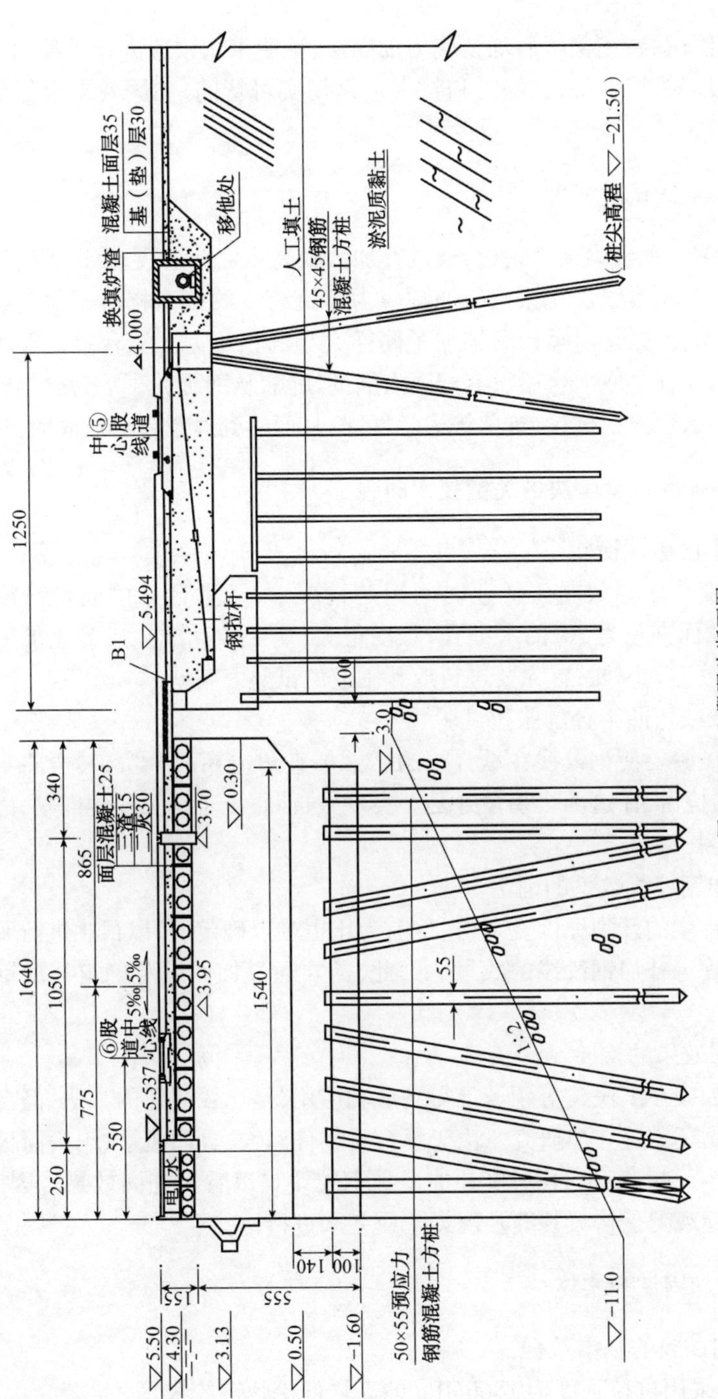

图 4-1　1～3 段码头断面图

注：图中尺寸以厘米计，高程以米计，高程系统采用新港理论基面。

通过加固试验,完善了后加预应力加固法,证明采用预应力技术加固严重开裂的1~3段码头承台梁,在施工和技术上是切实可行的,加固效果也是令人满意的。

4.2.2 加固试验原理

在已开裂的承台梁顶部附近,通过补加数根高强度钢绞线,使钢绞线穿绕过整个承台梁,对钢绞线进行张拉施加预应力。钢绞线的拉力相对于承台梁受拉开裂的顶部而言,则是对承台梁施加了同样大小的预压力。承台梁上部增设预应力钢绞线,弥补了原承台梁没有配受力筋的缺陷,从而提高了承台梁的整体性能,并提高了承台梁的抗拉、抗剪等力学性能,从而达到对承台梁加固的目的。

4.2.3 加固试验解决的关键技术问题

(1)施工可靠性检验

在潮汐变化而导致施工作业时间短的情况下,于承台梁侧面打设深度达2.5m、与梁侧面夹角为30°的水平孔,难度很大,能否顺利成孔成为该加固方案能否实现的关键。因此,首先要进行成孔工艺的试验。

(2)钢绞线弯曲半径的张拉试验

该加固试验要使钢绞线在承台梁的后端部直角边拐两个弯,其弯曲半径较小,钢绞线张拉后,在这两个拐角处是否会发生折断,是工程关注的问题,因此要进行试验观测。

(3)补加钢绞线数量的确定

由于承台梁的开裂原因复杂,到目前为止也难以确定,所以很难进行明确的受力计算来确定补加钢绞线的数量。因此,需要通过加固试验确定补加钢绞线的数量。

(4)加固效果的检验

预应力加固在工民建等领域已得到成功应用,是比较成熟的方法,但在港工结构中的应用还需进一步研究。由于承台梁构件巨大,且门机梁、码头面板均与承台梁连接在一起,互相约束,仅补加少数钢绞线难以看出加固效果。因此,应通过加固试验观测承台梁裂缝及混凝土应变来进行检验。

4.2.4 加固试验实施

(1)加固试验的基本数据

钢绞线:采用抗拉强度为1860MPa的高强低松弛钢绞线。

锚具设计:锚具采用夹片式四孔锚具。锚具下垫直径为160mm、厚20mm的与锚具锚孔板相对应的四孔锚垫板,以降低混凝土局部集中应力。

钻孔设计:穿钢绞线的孔径为53mm。钻孔的位置及成孔形式见图4-2。

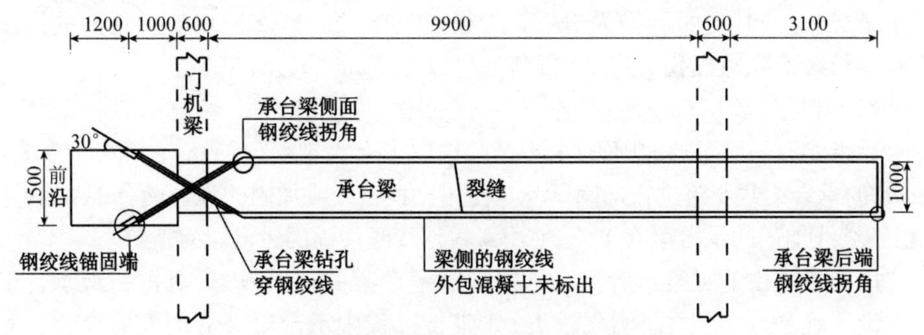

预应力钢绞线加固承台梁示意图（俯视图）1:100

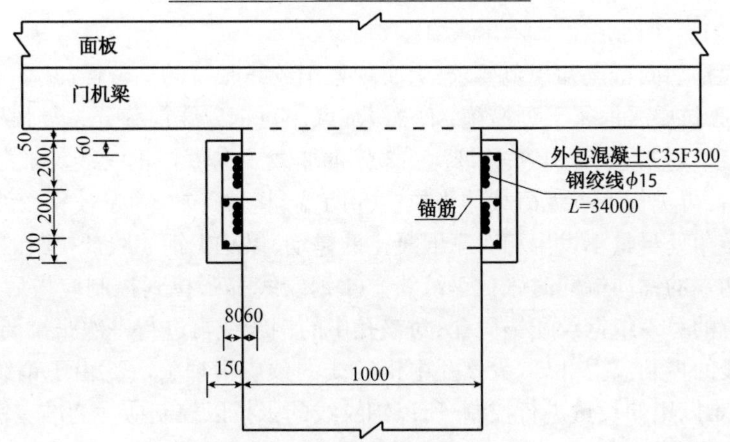

预应力钢绞线加固承台梁断面图　1:20

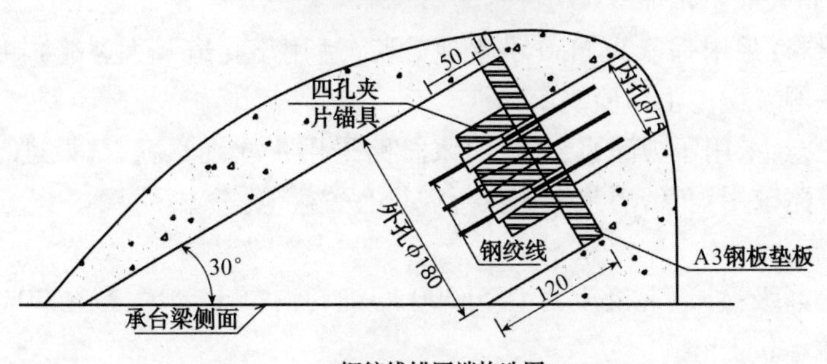

钢绞线锚固端构造图 1:5

图4-2　钢绞线张拉布置图(尺寸单位:mm)

锚固端钻孔处理:在作锚固端点的平面处于 ϕ53mm 孔外套钻 ϕ65mm 的孔,孔深 40cm,在 ϕ65mm 的孔外套钻 ϕ160mm 的孔,孔深 15cm。

钢绞线在梁折角处的处理:把钢绞线在承台梁的后端部直角边拐角处的混凝土凿成弧形,其弯曲半径为 20cm,满足规范要求。另外为减少折角处的混凝土对钢绞线的摩擦损伤,分别在折角处垫以厚 2mm 的镀锌钢板。

(2)加固试验组合

为了能取得可靠的加固数据,本试验选取了有大裂缝(10mm)、小裂缝(0.1~1mm)的承台梁共 4 跨进行加固试验。使用 6 根钢绞线加固的承台梁有 2 跨;使用 5 根钢绞线加固的承台梁有 1 跨;使用 4 根钢绞线加固的承台梁有 1 跨。

加固试验中的观察试验。为了解各跨承台梁的加固效果,对每一跨承台梁均埋设了观测点,主要是测试在钢绞线张拉过程中承台梁裂缝的发展变化。测试仪器为百分表、千分表和手持式应变仪,测点布置见图 4-3。

(3)钢绞线张拉

根据加固特点和规范要求,为实现各钢绞线张拉的均匀性,减少预应力的损失,在张拉中采取了下列措施:①分级加载。对钢绞线加载分 3 级张拉,即 30kN(使钢绞线拉直)、100kN、182kN。②分批加载。在每根钢绞线均加载到同一级荷载后,再进行下一级荷载的张拉。③两端同时张拉。为了使钢绞线在承台梁后端转角处尽量不发生相对于混凝土的错动,以减少钢绞线被拉断的概率,采用在梁两端的锚固端同时张拉钢绞线。④钢绞线都张拉到控制应力后,再返回到先张拉的另一组钢绞线锚固孔,对该孔中的钢绞线再进行一次张拉调整,调整到钢绞线的控制应力,以减少该孔中钢绞线的预应力损失。⑤由于钢绞线有多处折线,难以用伸长量进行控制,所以钢绞线的张拉以控制应力为准。钢绞线张拉控制应力按规范要求为 $0.7f_{pyk}$。

(4)孔道及裂缝灌浆

灌浆材料:采用强度为 M30 的水泥砂浆(适用于孔道及大裂缝),并加入膨胀剂和防冻剂。配比由试验确定。

灌浆工艺:采用压力灌浆,孔道灌浆管路采用 4 寸硬塑料管,设进、出气咀;裂缝灌浆管路采用铜管,灌浆操作执行现行有关规范。

(5)外包混凝土

混凝土等级:外包混凝土为 C35F300 的细石混凝土,最大粒径 20mm,配合比由试验确定。

钢筋:为方便架设钢绞线及提高新老混凝土的结合性能,在承台梁上适当栽筋,并在钢绞线张拉完毕后,布置构造筋。

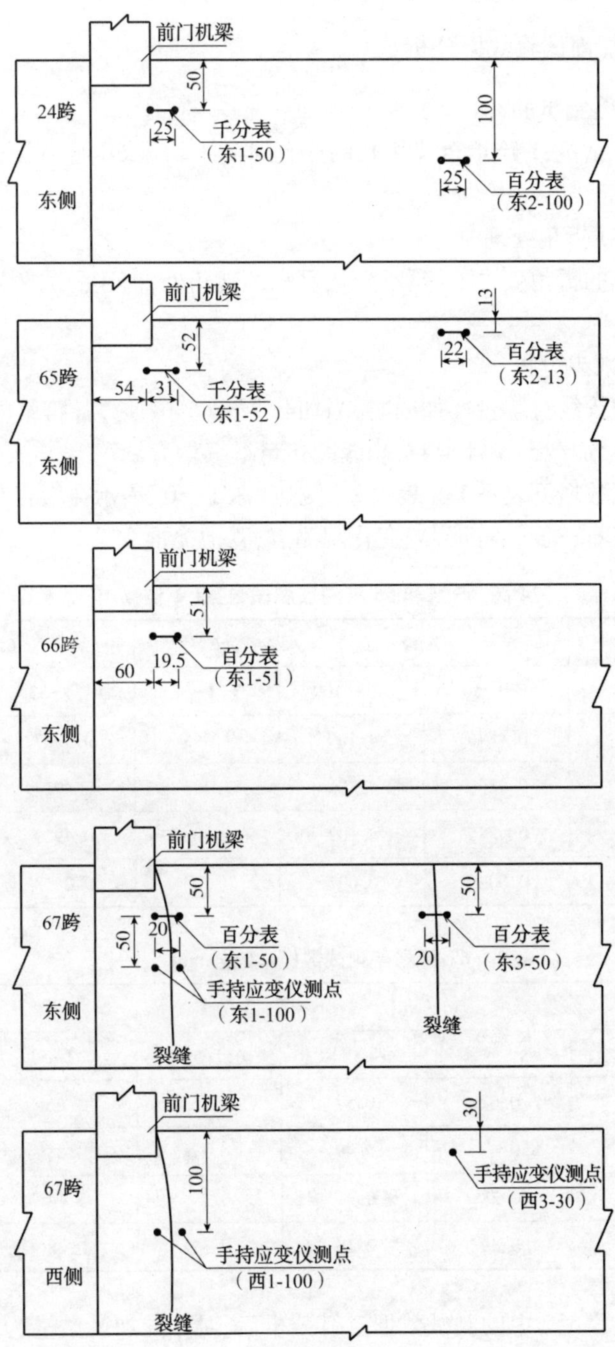

图 4-3　试验承台梁测点布置图(尺寸单位:cm)

4.2.5 加固试验数据分析

(1)成孔施工试验

使用1台钻机,1跨承台梁4孔的成孔时间平均需6d时间。总的来说成孔施工较顺利。

(2)钢绞线折角处理

在钢绞线的折角处,尤其是承台梁后端的转角处,前述的圆角处理措施是得当的。

(3)加固效果分析

在张拉钢绞线对承台梁加固时,当加载3根(546kN),各跨梁的裂缝均有变小的趋势,继续加载至设计根数,裂缝变化量继续增大。

试验测试数据见表4-1和表4-2。测点"东1-50"表示在墩台东侧跨第1条裂缝距墩顶50cm处布置的裂缝变化观测点,其他类推。

24跨、65跨和66跨测点测试数据(单位:mm) 表4-1

位 置	24跨		66跨	65跨	
项目/测点	东1-50	东2-100	东1-51	东1-52	东2-13
加载前	0.4846	4.100	1.495	0.4907	3.156
加3根	0.4866	4.101	1.498	0.4914	3.522
加到设计数	0.4885	4.102	1.503	0.4920	3.524
变化量	0.0039	0.002	0.008	0.0013	0.008

67跨测点测试数据(单位:mm) 表4-2

位 置	67跨				
项目/测点	西1-100	西3-30	东1-100	东1-50	东3-50
加载前	0.67	0.57	0.56	4.66	3.69
加3根	0.47	0.49	0.37	4.88	3.77
加到设计数	0.28	0.41	0.19	5.14	3.84
变化量	0.39	0.16	0.37	0.48	0.15

对表4-1、表4-2中的测试数据进行分析后,对不同加筋数量、大约处于同一高度的各跨测点加载前后的测值变化量进行了比较,见表4-3。

各测点测试值比较　　表4-3

测点距梁顶距离	跨号	24跨(5根)	65跨(4根)	66跨(6根)	67跨(6根)	
50cm	测点	东1-50	东1-52	东1-51	东1-50	东3-50
	原裂缝宽度(mm)	0.1	0.1	0.5	10	10
	变化量(mm)	0.0039	0.0013	0.008	0.48	0.15
100cm	测点	东2-100	—	—	西1-100	东1-100
	原裂缝宽度(mm)	1.0	—	—	10	10
	变化量(mm)	0.002	—	—	0.39	0.37

通过对表4-3中数据的比较分析可知,加筋后均使原裂缝宽度变小,加筋数量多的裂缝变化量明显大于加筋数量少的。另外也可以看出,67跨与66跨的加筋数量相同,但其裂缝变化量却相差很大,这主要是由于67跨的裂缝宽度(最大缝宽10mm)远远大于66跨的裂缝宽度(最大缝宽0.5mm)。因为细小的裂缝基本被杂质所堵塞,施加压力使混凝土产生了应变,测量值并不真正反映裂缝的变化,所以造成裂缝变化量比大裂缝的小。

从试验情况看,当加载到546kN时,3根钢绞线各张拉到182kN控制张拉力,裂缝宽度就有缩小变化,以此为准,认为加固就已见效。但由于试验加固时,承台梁上无门机荷载作用,因此考虑到安全储备等因素,建议采用6根钢绞线对承台梁进行补强加固。

4.2.6　加固试验结论

通过对4跨开裂承台梁的预应力加固试验,提出下列结论:

(1)该加固技术对于1~3段码头开裂承台梁的加固效果是明显的,也是非常有效的,它提高了被加固构件的整体性和抗拉能力。

(2)加固施工工艺以及各部分的构造处理是可行的、可靠的。

(3)通过试验分析,建议采用6根钢绞线对承台梁进行补强加固。

(4)为避免在钢绞线张拉过程中出现中断现象,加固施工中,应注意张拉操作人员与处于承台梁后端铺设钢绞线的辅助人员加强联系和协调,以避免钢绞线出现叠加的情况,使钢绞线处于良好的受力状态。

(5)使用该技术加固开裂码头构件,其成孔工序为施工进度的关键。因此,为加快施工进度,就必须提高成孔进度,可通过增加钻机的办法加以解决。

(6)适当增加在承台梁表面的栽筋数量,以增强新旧混凝土的结合力。

4.2.7 加固技术要点

根据天津港高桩码头前承台梁构件加固试验,总结了后加预应力法加固高桩码头混凝土结构的技术要点,主要有:

(1)对梁构件的加固修复应按裂缝封缝和灌浆、钻孔穿拉钢绞线施加预应力、孔道灌浆并外包混凝土的工序进行。

(2)对承台梁破损和裂缝进行修复处理。

对构件上的剥皮、露筋、蜂窝麻面破损,采用勾抹环氧砂浆的方法修复。对面板构件上缝宽在 0.2mm 以下的裂缝和梁构件上缝宽小于等于 0.5mm 的裂缝,采用勾抹环氧砂浆的方式修复。对面板上缝宽大于等于 0.2mm 的裂缝和墩台承台梁缝宽大于 0.5mm 的裂缝,采用灌浆法修复。

对灌浆处理的裂缝需按要求清洗干净。对需勾抹环氧砂浆的构件表面,要凿除松动的混凝土,外露的钢筋需除锈。预应力加固并外包混凝土的梁构件,需对外包混凝土处的梁表面进行凿毛处理,凿毛前先对裂缝进行灌浆处理。凿毛、勾抹环氧砂浆和灌浆的技术要求可参考有关资料。

(3)在梁构件前端两侧面分别钻取深度达 2.5m 与梁侧面夹角为 30°的 ϕ75mm 水平孔,孔斜向穿透梁构件。两孔的高度有 10cm 左右的高差,目的是避免两孔串通而无法穿筋。

(4)在穿筋前需将钢绞线外包混凝土处的梁表面进行凿毛处理,并预埋外包混凝土锚固钢筋。锚固连接筋应埋设牢固,并注意锚固钢筋的位置应能使张拉后的钢绞线保持平直状态。

(5)应使张拉后的钢绞线与梁侧面之间保持 2cm 的间距,以使外包混凝土能完全包住钢绞线。

(6)为减少预应力摩擦损失,对钢绞线拐角处的混凝土进行圆滑处理,并在穿筋时垫以 2mm 厚镀锌铁板。

(7)对钻孔所得的锚具底座处混凝土表面,应进行平整处理,使锚具垫板垂直于孔道中心线。

(8)采用极限抗拉强度标准值 f_{ptk} 为 1860MPa 的高强低松弛钢绞线(ϕ^j15)对梁构件施加预应力。钢绞线的张拉以控制应力为主,其张拉控制应力 σ_{con} 取为 0.71f_{ptk}，即 $\sigma_{con}=1325$MPa。

(9)需加固的梁构件均使用 6 根钢绞线进行预应力加固。

(10)为使钢绞线在梁构件后端转角处尽量不发生相对于混凝土的错动和保持梁两侧钢绞线应力相同，采用在梁两侧锚固端同时张拉钢绞线的措施。

(11)张拉钢绞线时需分级、分批加载。钢绞线加载分 3 级，即 0.2σ_{con}、0.6σ_{con}、σ_{con}，在每根钢绞线均加载到同一级荷载后，再进行下一级荷载的张拉。钢绞线加载顺序为先上层后下层。张拉时须采取措施，防止钢绞线突然破断、锚具爆裂、夹具滑脱等造成事故。须避免钢绞线出现叠压的情况，使钢绞线处于良好的受力状态。

(12)钢绞线张拉完成以后，对钢绞线孔道进行水泥砂浆灌浆。锚固端外伸的钢绞线保留 5～6cm 长，多余的钢绞线需用砂轮锯切断，不得采用电弧切割。

(13)孔道灌浆的水泥砂浆强度不低于 25MPa，水灰比不大于 0.45，搅拌 3h 后泌水率在 2% 以内，最大不超过 3%。水泥砂浆中可掺入对钢绞线无腐蚀作用的膨胀剂，配比由试验确定。

(14)孔道灌浆管路采用 4 分高压软塑料管，设进出气咀，出气咀置于孔顶处。灌浆前孔道应湿润、洁净。灌浆顺序宜先灌注下层孔道。灌浆应缓慢均匀地进行，不得中断。在灌满孔道后，先封闭排气孔，稍作保压后再封灌浆孔。钢绞线锚固端在孔道灌浆完成之后用 C35F300 细石混凝土封堵严密。

(15)钢绞线外包混凝土为 C35F300 的细石(最大粒径 20mm)混凝土，配合比由试验确定。外包混凝土应振捣密实，表面不得出现漏浆、麻面等缺陷。

4.3　直接加固法

4.3.1　加大截面加固法

对梁板承台等混凝土受弯构件外包混凝土现浇层，可增加截面有效高度，扩大截面面积，从而提高构件正截面抗弯、斜截面抗剪能力和截面刚度，起到加固补强的作用。

在适筋范围内，混凝土受弯构件正截面承载力随钢筋面积和强度的增大而提高。在原构件正截面配筋率不太高的情况下，增大主筋面积可有效地提高原构件正截面抗弯承载力。在截面的受拉区现浇混凝土围套增加构件截面，通过新加部分和原构件共同工作，可有效地提高构件承载力，改善构件受力性能。

加大截面加固法适应性强，施工工艺简单，具有成熟的设计和施工经验。但该加固法现场施工的湿作业时间长，对生产和生活有一定的影响，且加固后的建筑物净空有一定的减小。

4.3.2 粘贴钢板加固法

外包钢加固是把型钢或钢板包在被加固的梁板承台等构件的外边，外包钢加固钢筋混凝土梁一般应采用湿式外包法，即采用环氧树脂或灌浆等黏结材料和方法把型钢与被加固受弯混凝土构件黏结成一整体，加固后的构件，由于受拉和受压钢截面面积大幅度提高，起到增加截面受拉、受压和斜截面抗剪的作用，达到提高被加固的结构构件正、斜截面承载力和限制裂缝发展的目的。

粘贴钢板加固方法有如下特点：

（1）工艺简单。只需对被加固构件进行处理。用建筑结构胶将钢板与之牢固地黏结成一个整体，使钢板与构件很好地共同工作。

（2）粘贴剂硬化速度快。工期短。

（3）粘贴剂的粘贴强度高于混凝土、石材等，可以使加固体系与原构件形成一个良好的整体，受力均匀，不会在混凝土中产生应力现象。

（4）粘贴钢板法加固所用的钢板厚度一般为 2 ~ 10mm。所占的空间小。几乎不增加被加固构件的断面尺寸和重量，适用于不允许显著增大原构件截面尺寸，但又要求大幅度提高其承载能力的混凝土结构加固。

但是由于加固材料是用环氧水泥等粘贴剂与构件粘贴，使其形成整体，共同工作，因此环境温度不应大于 60℃，相对湿度不应大于 70%，且无化学腐蚀影响，否则应采取防护措施；当构件的混凝土强度低于 C15，不宜采用本方法进行加固。叉桩桩体处于恶劣的海洋环境中，且处于腐蚀最严重的潮水变动区，而且叉桩的断裂位置大多出现在距桩帽底 50cm 范围内，所以给其钢板外包带来了很大的难度。

4.3.3 粘贴碳纤维增强塑料加固法

粘贴碳纤维加固技术是指采用高性能黏结剂将碳纤维布粘贴在梁板承台等构件表面，使两者共同工作，提高结构构件的抗弯、抗剪承载能力，由此而达到对建筑物进行加固、补强的目的。

碳纤维增强聚合物，也称为碳纤维增强塑料，是由环氧树脂粘贴高抗拉强度的碳纤维束而成的。使用碳纤维布加固具有以下几个优点：

（1）强度高，其抗拉强度约为普通钢材的 10 倍，效果好；

（2）加固后能大大提高结构的耐腐蚀性及耐久性；

(3)自重轻,其质量约 200g/m^2,基本不增加结构自重及截面尺寸,柔性好,易于裁剪,适用范围广;

(4)施工简便,不需大型施工机构及周转材料,易于操作,经济性好;

(5)施工工期短,因此,碳纤维结构加固技术在混凝土结构方面有较好的发展前景。

在拉压应力交替作用等复杂受力状态下,碳纤维布和原构件之间的黏结性能的可靠性和耐久性有待进一步研究。碳纤维布是一种只能承受拉力而不能承受压力的材料,用于加固可能发生较大变形的码头梁板等结构时目前还存在变形协调及耐久性等问题。

4.3.4　置换混凝土加固法

该法的优点与加大截面法相近,且加固后能恢复原貌,不改变原使用空间,但同样存在施工湿作业时间长的缺点;常用于混凝土强度等级偏低的混凝土结构,特别是当对于混凝土强度等级低于 C10 的混凝土结构进行加固时,采用其他的加固方法已很难实施,而该项技术却能从根本上解决承重构件受压区混凝土强度偏低的问题。

4.4　间接加固法

4.4.1　预应力加固法

预应力加固是运用预应力原理采用高强钢筋、型钢等异型材料,通过施加预应力迫使后加材料与原材料共同受力,改变原结构内力分布并降低原结构应力水平,使一般加固结构中所特有的应力应变滞后现象得以完全消除,因此后加部分与原结构能较好地共同工作,达到对结构进行加固的一种方法。

该加固方法具有能够克服被加固构件截面力超前、减小原构件裂缝宽度和挠度等优点,适用于要求提高构件承载力、刚度和抗裂度,加固后占用空间小的混凝土受弯构件和受压构件,大跨结构加固,以及采用一般方法无法加固或加固效果很不理想的较高应力应变状态下的大型结构加固。

体外预应力技术十分适合于对各类加筋混凝土梁进行加固,可以提高结构的极限承载能力、降低钢筋疲劳应力幅值及控制裂缝,能较好地满足使用载荷的要求,增加结构的使用年限和耐久性;并且加固效果明显、所需机具设备量少且轻便、施工质量易于控制,因而具有明显的经济及社会效益和较为广阔的发展前景。

用预应力方法加固结构时,应考虑的主要问题有:施加预应力的方式方法,预应力损失的估计和减少预应力损失的措施,以及预应力加固件的计算等。该加固方法不适用于温度高于60℃环境下的混凝土结构,也不适用于混凝土收缩、徐变大的结构。该方法在工民建和桥梁等领域应用较多,也比较成熟,现在港口码头结构加固中也开始采用预应力加固法,但施工难度增大很多。

4.4.2 改变结构受力体系加固法

改变受力体系加固法,即在梁的中间部位增设支点、托梁(架)或将多跨简支梁变为连续梁等方法。改变结构的受力体系,能大幅度地降低计算弯矩,提高结构构件的承载力,达到加强原结构的目的。该加固法效果可靠,但易损害建筑物的原貌和使用功能,并可能减小使用空间,适用于具体条件许可的混凝土结构加固。

增设支点法是在梁、板、柱上增设支点以减少结构的计算跨度,达到减小荷载效应、发挥构件潜能、提高承载力、加固结构的目的。按支撑结构的受力性能,梁的增设支点加固法分为刚性支点和弹性支点法。刚性支点法是通过支撑构件的轴心把荷载直接传递给基础或其他承重构件,此时,支点的变形相对被加固梁的挠度而言非常小,可忽略不计。弹性支点加固法是以支撑构件受弯或桁架作用来间接传递荷载,此时,支点的变形不能忽略,柱的支点法加固可采用柱间横向支撑法。增设支点法适用于净空不受限制的大跨度梁、板或高度较高的柱的加固。

4.4.3 增加结构整体性加固法

增加结构整体性加固法是通过增设支撑使多个构件形成空间整体,共同工作。因为整体破坏的概率小于单个构件破坏的概率,因此在不加固结构当中任何一个构件的情况下提高了结构的可靠度。

4.4.4 改变刚度比值加固法

改变构件的刚度比值,调整原结构的内力分布,改善结构受力状况,也可以达到结构加固的目的,该方法多用于提高结构水平抗力的能力。

4.5 梁板承台结构加固改造配套技术

4.5.1 托换技术

托换技术是托梁(或桁架,以下同)拆柱(或墙,以下同)、托梁接柱和托梁换柱等技术的概称,属于一种综合性技术,由相关结构加固、上部结构顶升与复位以及废弃构件拆除等技术组成,适用于已有建筑物的加固改造。与传统做法相比,该技术具有施工时间短、费用低、对生活和生产影响小等优点,但对技术要求较高,需由熟练工人来完成,才能确保安全。

4.5.2　植筋技术

植筋技术是一项对混凝土结构较简捷、有效的连接与锚固技术,可植入普通钢筋,也可植入螺栓式锚筋,已广泛应用于已有建筑物的加固改造工程。如:施工中漏埋钢筋或钢筋偏离设计位置的补救,构件加大截面加固的补筋,上部结构扩跨、顶升对梁、柱的接长,房屋加层接柱和高层建筑增设剪力墙的植筋等。

植筋技术是在需连接旧混凝土构件上根据结构的受力特点,确定钢筋的数量、规格、位置,在旧构件上经过钻孔、清孔、注入植筋黏结剂,再插入所需钢筋,使钢筋与混凝土通过结构胶黏结在一起,然后浇筑新混凝土,从而完成新旧钢筋混凝土的有效连接,达到共同作用、整体受力的目的。

由于在钢筋混凝土结构上植筋锚固已不必再进行大量的开凿挖洞,而只需在植筋部位钻孔后,利用化学锚固剂作为钢筋与混凝土的黏合剂就能保证钢筋与混凝土的良好黏接,从而减轻对原有结构构件的损伤,也减少了加固改造工程的工程量。又因植筋胶对钢筋的锚固力,使锚杆与基材有效地锚固在一起,产生的黏接强度与机械咬合力来承受拉载荷,当植筋达到一定的锚固深度后,植入的钢筋就具有很强的抗拉力,从而保证了锚固强度。植筋技术不仅具有方便、工作面小、工作效率高的特点,而且还具有适应性强、适用范围广、锚固结构的整体性能良好、价格低廉等优点。因此被广泛应用于建筑结构加固及混凝土的补强工程中。

4.5.3　裂缝修补技术

是指根据混凝土裂缝的起因、性状和大小,采用不同封缝方法进行修补,使结构因开裂而降低的使用功能和耐久性得以恢复的技术,适用于已有建筑物中各类裂缝的处理,但对受力性裂缝,除修补外尚应采用相应的加固措施。

4.5.4　碳化混凝土修复技术

是指通过恢复混凝土的碱性(钝化作用)或增加其阻抗而使碳化造成的钢筋腐蚀得到遏制的技术。该技术目前还处于研究阶段。

4.5.5 混凝土表面处理技术

是指采用化学方法、机械方法、喷砂方法、真空吸尘方法、射水方法等清理混凝土表面污痕、油迹、残渣以及其他附着物的技术。

4.5.6 混凝土表层密封技术

是指采用柔性密封剂充填、聚合物灌浆、涂膜等方法对混凝土进行防水、防潮和防裂处理的技术。

4.5.7 其他技术

其他技术还有结构构件移位技术、调整结构自振频率技术等。

第 5 章　高桩码头补桩加固技术

5.1　适用范围及技术分类

由于建筑物基础的地质构造不均匀，土壤的物理性质不同，土基的塑性变形，大气温度变化，地下水位季节性和周期性的变化，水流或波浪冲刷，边坡开挖，码头后方堆场抛填强夯加固、堆货，打桩振动，爆破震动，建筑物本身荷载及工作荷载等作用下，高桩码头在施工中和建成后使用过程中会发生位移、沉降、倾斜、裂缝、挠曲、破损等现象。当这类破坏现象发生时，地基基础以下结构的破坏大多难以及时发现并可能引发严重后果，而且对其进行修复加固非常困难。

对桩基码头，结构安全关注的重点就是基桩。由于基桩上承上部结构、下入地基土中，受到各种环境因素和外部荷载的作用，所以其发生破坏的概率较大，破坏现象也多种多样。基桩破坏现象主要有过大变形变位、桩身断裂、桩顶开裂、桩帽破损等。

由于此时建筑物已经建成在使用中，对这些基桩破坏现象的修复加固会受到多种因素的制约，尤其是基桩在水面下或泥面下的破坏、基桩过大变形变位等的修复加固受到的限制条件更多。这些制约因素主要有以下 3 方面：

(1)结构空间及尺寸受到限制。例如补桩的位置、桩径和深度都有可能受到原结构的限制。

(2)加固方法选择受到限制。例如可能导致结构发生变化受力不合理，可能由于存在约束应力变形不协调，可能产生振动而影响结构安全等。

(3)施工工艺和施工设备受到限制。例如可能由于不具备施工场地条件、打桩数量少不经济、环境条件因素等而受到限制。

所以本章应重点关注适用于各种限制条件下的桩基加固技术，研究各种加固技术的工作机理和加固效果，以及加固检测方法。在对码头基桩进行补桩加固时，采用预制桩一般存在不具备施工环境条件、打桩施工振动影响结构安全等问题，所以多采用灌注桩。目前在灌注桩加固桩基码头时，存在端承力低、施工穿越抛石棱体困难、桩顶和泥下桩身不同的设计要求难以实现、补桩时出现断桩没有空间进行再补桩等难题和不足。拟针对这些问题和不足，开展灌注桩加固码头基桩技术措施研究，主要包括置入钢质半封闭桩尖法提高端承力、双护筒法穿越抛石棱体补桩、浇筑灌注桩出现断桩的处理技术、灌注桩上下部有不同抗冻要求时的处理技术等,这都是工程实践上急需解决、迫切需要的港口码头基桩加固技术。

5.2 置入钢质半封闭桩尖法提高灌注桩端承力技术

5.2.1 技术背景

桩基码头补桩加固时,可采用预制桩或现场施工的各种桩型,但由于采用预制桩可能存在不具备施工条件、对结构安全产生影响、数量少经济上不合理等问题,所以实践中多采用钻孔灌注桩。钻孔灌注桩以设备简单、施工方便、无噪声、无震动等优势广泛应用在水运、工民建、桥梁等工程领域,20 世纪 70 年代被引用到港口水工建设领域中。钻孔灌注桩的承载力由桩侧摩阻力与桩端支承力两部分组成。当侧摩阻力占总承载力的 70% 以上时为摩擦桩;当端承力占承载力的 60% 以上时为端承桩;在这两者之间则为混合桩。钻孔灌注桩在新建工程中已经是成熟的技术,具有良好的适应性。不过,采用灌注桩加固桩基码头时,目前还存在端承力低的问题,难以满足港口码头补桩加固的工程需要。

钻孔灌注桩端承力低的原因与其成桩方法有关。钻孔灌注桩大多采用泥浆护壁施工工艺,成孔后的孔内落淤是必然的,一般在仔细地进行二次清孔处理后,孔底落淤高度仍有 100 ~ 300mm。这种成桩方法使得桩底处总是存在一定高度的软土或扰动土,这也就是同样工况下钻孔灌注桩比预制桩压沉量大的原因。钻孔灌注桩压沉量相对较大的特点,制约了其端承力的发挥,对于下卧层基土为硬土层情况则端承力损失更大。工程上想出了一些办法来减少灌注桩端承力的损失,主要有:

(1)从重视清孔质量入手,严格控制落淤厚度在 100mm 之内,这可以起到一定的作用,但这时的压沉量一般仍不能满足上部结构物对基础差异沉降量的限制要求。

(2)近年来在桥梁施工领域采用了后压浆法桩底处理技术,目的是增强扰动土的强度,减小压沉量,该方法可提高承载力达 15% 左右。

但后压浆法提高灌注桩端承力是以增大施工成本和增加施工工期时间为代价的,其主要特点和不足有:

①预埋压浆管。在灌注桩浇筑前下钢筋笼时要预埋 2 根压浆管,压浆管固定在钢筋笼上,其长度须到达孔底。如钢筋笼设计长度不到孔底时,应增加架立钢筋骨架来固定压浆管。

②压浆管和下方喷头是专利技术产品,需支付相关费用。

③后压浆施工需耗用大量水泥材料。

④灌注桩灌完 7d 后才能进行后压浆施工。

⑤压浆加固的效果需要在 1 个月后采用动测等方法检测获得。也就是说，后压浆法的效果存在不确定性，施工期也将延长约 35d 左右。

⑥后压浆法加固的桩底部位的强度的形成需要时间，所以后压浆法提高端承力不是成桩时形成的，是后补强的。

⑦后压浆法施工需要一定大小的作业面，施工时会产生废水废料，对环境有一定程度的污染。

后压浆法施工现场情况如图 5-1 所示。

图 5-1　后压浆法桩底处理法施工现场

基于以上原因，工程上都在探求一种快捷、省钱、省事、省时、可预测的有效提高灌注桩端承力的技术方法，“置入钢质半封闭桩尖提高灌注桩端承力技术”在工程实践中应运而生。

5.2.2　技术要点

通过试验研究和工程实践，总结了置入钢质半封闭桩尖法提高灌注桩端承力的技术要点和实施步骤，主要有：

(1) 制作钢质半封闭桩尖。其高度为 1.0 ~ 1.4m，外径比桩孔直径小 50mm，起拱管直径为 200mm，桩尖呈分瓣状，在斜面上设置漏泥孔。钢质半封闭桩尖结构见图 5-2。

(2) 根据孔深制作钢质送桩尖分节套管，节间用螺栓连接，如同连接竖管一样。

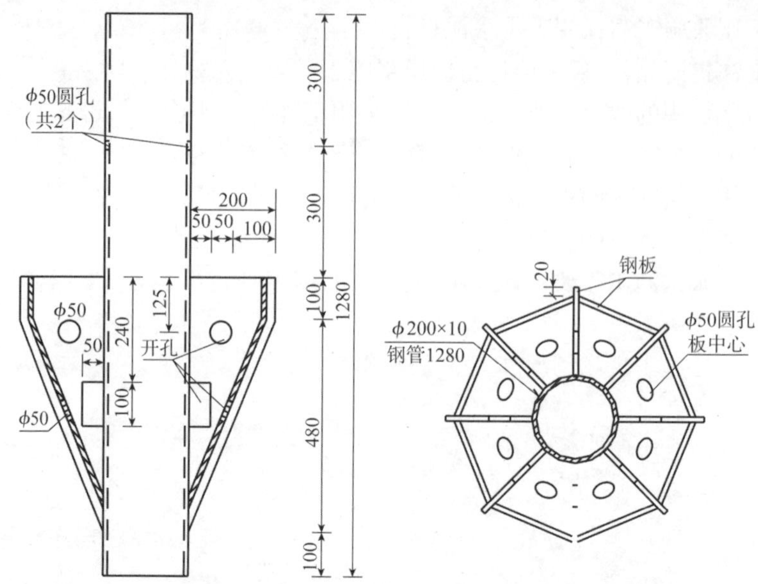

图 5-2　钢质半封闭桩尖结构图(尺寸单位:mm)

(3)在成孔后,用吊机将送桩尖套管与桩尖连接、入孔,直达孔底。

(4)为保证套管与桩尖在达到孔底、沉入硬层后能便于脱开,可采用铅丝连接,可随时切断铅丝,使二者脱开。采用快速接头法亦可。

(5)用振动锤锤击送桩套管,使半封闭桩尖沉入下卧硬层,避开软泥影响。

(6)拔出送桩套管,正常进行下钢筋笼子、清孔、浇桩施工,并做好动测桩端处理。

(7)进行静载试桩与动测试桩,检测承载力和加固效果。

置入钢质半封闭桩尖法提高端承力研究试验情况和工程应用情况见图 5-3 ~ 图 5-9。

图 5-3　钢质半封闭桩尖实物

图 5-4　分节套管施工

图5-5　吊机吊起套管和桩尖

图5-6　桩尖入孔

图5-7　套管和桩尖振动锤锤击下沉

图5-8　灌注桩施工

图5-9　静荷载试桩检测基桩承载力

5.2.3　加固效果

为明确置入钢质半封闭桩尖提高灌注桩端承力技术的加固效果，对不同类型的灌注桩的承载力和沉降变形进行了静载荷对比试验检测。图5-10a)是采用不同处理措施的5根灌注桩静载荷试桩的 Q-S 曲线。图中31号、87号、131号为后压浆处理的灌注桩,82号为桩底未采取处理措施的灌注桩,80号为置入半封闭桩尖的灌注桩。图5-10b)为置入半封闭桩尖的80号灌注桩与后压浆处理的3根桩 Q–S 曲线平均值及桩底未采取加固措施的82号桩 Q-S 曲线的对比情况。

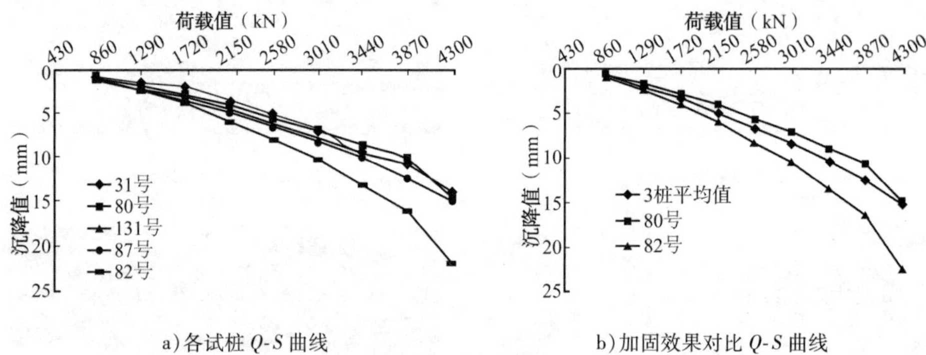

a)各试桩 Q-S 曲线　　b)加固效果对比 Q-S 曲线

图5-10　Q-S 曲线对比

注:1. 灌注桩允许沉降量为6mm,设计使用荷载为2150kN,2倍使用荷载为4300kN;

2. 80号为置入半封闭桩尖的80号静载试桩的 Q-S 曲线,3桩平均值为后压浆处理的31号、87号和131号静载试桩 Q-S 曲线的平均值,82号为普通的未进行桩底加固处理的82号静载试桩 Q-S 曲线。

为直观比较,将不同类型灌注桩静载荷对比试验检测数据汇总,见表5-1。

不同类型灌注桩静载荷对比试验检测数据　　表5-1

灌注桩类型	桩顶沉降6mm时的试验荷载 P(kN)	试验荷载4300kN时的桩顶沉降量 S(mm)
普通灌注桩	2150	22.0
后压浆处理的灌注桩	2480	14.8
带半封闭桩尖的灌注桩	2780	14.7

从以上图表和数据分析可知:

(1)当达到使用允许沉降量6mm时,普通灌注桩对应的试验荷载值为设计值2150kN,后压浆法处理的为2480kN,承载力提高了15%,置入半封闭桩尖法的为2780kN,承载力提高了约30%。

(2)在同样大小的试验荷载作用下,采用半封闭桩尖的灌注桩沉降量最小,后压浆处理的灌注桩次之,普通灌注桩沉降量最大,两种加固方法减小沉降量约33%。

(3)当达到1.8倍设计使用荷载即3870kN时,这个区段后压浆处理与带半封闭桩尖处理的 Q-S 曲线均表现为类似的线性变化,置入半封闭桩尖的情况优于后压浆处理情况,而普通灌注桩 Q-S 曲线呈明显下滑趋势。

(4)当达到2倍设计荷载即4300kN时,普通灌注桩已沉降22mm,很快要达到控制的极限破坏沉降值30mm,呈明显的摩擦桩特征。后压浆处理的桩端承作用继续发挥稳定,沉降量仅达14.8mm,约为极限值30mm的50%,且未发现明显下滑趋势,表明承载力仍有提高的潜力。带半封闭桩尖的桩沉降量仍维持最小,但也接近极限值的50%,也还有提高的潜力可利用,但从3870kN到4300kN间已出现下滑趋势,说明在大量级荷载作用下,沉降量大于10mm后,其端承力将减少,侧摩阻力成为主要承载作用。

5.2.4　工程应用

与预制打入桩相比,就地钻孔灌注桩具有施工简便、对周围建筑物影响小、适合各种复杂地质条件、可根据受力要求选择大直径以获得较大承载力和造价低等优点,能够很好地满足码头结构加固工程要求各异、打桩数量少、施工条件复杂和环境限制条件多等特点,因此可以应用于各种码头结构加固情况。但灌注桩用于加固码头结构也存在一些困难和不足。灌注桩采用半封闭桩尖技术,可大大提高端承力和降低桩的沉降量。与后压浆处理等方法相比,半封闭桩尖法具有施工简便快捷、可明显缩短工期、可预测效果、节约工期、节约施工成本等优点,而且提高桩端承载力效果最佳,可提高承载力30%左右,是一项值得推广的先进技术。

5.3　双护筒法穿越抛石棱体补桩加固技术

5.3.1　技术背景

在已建成使用的港口码头等水工建筑物的补桩加固或地基加固处理施工中,往往出现要穿越4~15m厚的抛石棱体的情况,这给基桩施工带来极大的障碍与困难,不采取相应的工程处理措施,则基桩施工将成为不可能。过去,施工单位只能采用“大开挖清障”方法,这不仅将大大增加工程费用,而且由于开挖棱体势必影响已建建筑物及其地基的安全,而且大多数情况下现场根本不具备大开挖条件,使在有抛石棱体区进行补桩或类似施工成为棘手的问题。

基于这种工程需求,研究提出了"双护筒法穿越抛石棱体补桩加固技术",成功地解决了穿越抛石棱体、深层支护清障、基桩准确定位等技术难题。

5.3.2 技术要点

(1)工作护筒,也称外护筒,是一个可供周转的深层支护工具。为了便于筒内清石和沉入,工作护筒一般采用 ϕ1200mm 及以上桩径、单节 $\delta=12$mm、$L=1\sim2$m 的多个护筒在现场焊接接高形成,其下口做加强刃脚、上口做加强箍处理。将工作护筒沉入地基中,直至穿越棱体、到达设计高程为止。在桩孔内基桩施工完成并填充滤料后,工作护筒可拔出周转使用。

(2)在工作护筒内采用专用抓斗清石,或用冲击锤击碎块石,达到清除桩位处块石障碍物的目的,直达下卧地基砂土为止。当然工作护筒也随孔内清石加深而逐渐下沉,重复上述工作循环即可完成基桩成孔工作。

(3)工作护筒内清障完成后,即可在工作护筒内下灌注护筒(灌注护筒也称内护筒)或沉入预制桩,完成正常的灌注桩施工或打入桩施工。

(4)完成基桩成桩后,在工作护筒与桩身或灌注护筒间,填充砂、石倒滤层材料。

(5)拔出工作护筒到下一个桩位处施工深层支护工作,开始下一根基桩的施工。

5.3.3 工程应用

"双护筒法穿越抛石棱体补桩加固技术"在塘沽海工钢板桩码头导管架场地改造工程中进行了成功的应用,解决了灌注桩穿越 8m 厚抛石棱体、深层支护清障、桩基准确定位等技术难题。该工程案例现场照片如图 5-11 ~ 图 5-15 所示。

图 5-11 依托工程钢板桩码头

图 5-12 工作护筒内抓石作业

图5-13　工作护筒内套入灌注护筒

图5-14　灌注护筒定位

图5-15　基桩钻孔作业

双护筒法深层支护穿越抛石棱体基桩施工技术不用大开挖即能穿越块石棱体,已在多项工程的穿越抛石棱体进行桩基施工中得到成功应用,具有广泛的推广价值。

5.4　灌注桩断桩处理技术

5.4.1　技术背景

在灌注桩施工过程中,经常发生因混凝土拌制、运输过程中的和易性不好、混凝土供应不及时不连续或其他原因使混凝土拌和物发生离析,发生竖管堵管或拔竖管漏管而不能连续成桩,形成断桩的现象。过去因为没有直接的补救办法,往往只能拔管形成永久性断桩,然后在断桩两侧再重新补钻两根桩,用两根新桩代替原来的断桩的作用。这就造成了施工费用的增加和工期的损失。当施工位置上没有可供补桩的空间时,在原位栽桩处理一般都在Ⅲ类桩范畴内,会给工程带来永久性的缺陷或隐患。在码头补桩加固工程中,由于补桩空间受到其他结构构件的限制,如果浇筑灌注桩发生断桩,会导致加固工作难以继续进行。

5.4.2 技术要点

灌注桩发生断桩时,可以采用以下两种处理方法。

(1)第一种处理办法

当发生堵管断桩时,应立即拔出竖管并放入带止水活瓣桩尖的备用竖管,穿过沉积层下 2m,重新灌注和易性好的混凝土,直达桩顶。这样处理的桩均可达到Ⅰ类桩质量。但这些处理工作均需在已浇混凝土初凝时间内完成。

(2)第二种处理办法

当发生堵管断桩时,未准备带止水活瓣桩尖或耽搁超过 4h 后,则可以疏通好竖管后重新入孔,进行泥浆清孔,然后竖管底口到中断的孔底,先浇入富水泥砂浆的初灌量埋管,再浇和易性好的混凝土顶升到顶。这样处理的桩均可达到Ⅱ类桩质量标准。如时间间隔小于 4h,也可达到Ⅰ类桩标准。

(3)处理效果检测

当由于施工不当造成灌注桩施工断桩时,只要及时采取二次埋管或用富砂浆清底等应急措施后,均可达到Ⅰ、Ⅱ类桩状态,不构成工程断桩,也不必补桩处理,但为慎重起见,应及时进行低、高应变检测,按检测成果准确判断后再决定是否需要补桩。

5.4.3 工程应用

在塘沽基地海工码头改造工程中,101 号桩因混凝土离析造成堵管断桩,当时没能采取二次埋管应急补救措施,仅用富砂浆清底,并在两侧又补打 2 根工程桩代替,造成工程费用损失约 30 万元。

后来施工的 388 号、306 号、16 号和 46 号桩也在孔口下 20 ~ 30m 处发生了施工堵管断桩问题,但立即实施了上述灌注桩断桩处理技术。采用低、高应变法对这些基桩进行了检测,检测结果见表 5-2。

灌注桩断桩处理后采用低应变和高应变检测结果 表 5-2

桩号	桩径(mm)	低应变检测基桩完好性	高应变检测基桩承载力(kN)	检测结论
388 号	1000	Ⅱ类桩	7530	超过设计要求的承载力值(6500kN),符合标准要求

续上表

桩号	桩径（mm）	低应变检测基桩完好性	高应变检测基桩承载力（kN）	检测结论
306号	1000	Ⅱ类桩		基桩完好性符合标准要求
16号	1500	Ⅰ类桩	16770	超过设计要求的承载力值（15700kN），符合标准要求
46号	1200	Ⅰ类桩		基桩完好性符合标准要求

由此可见，经技术处理的断桩均可达到Ⅰ类桩或Ⅱ类桩，大大降低了施工成本，保证了施工质量。灌注桩断桩处理技术效果可靠，是一项值得借鉴和推广的工程实用技术。

5.5　灌注桩上下部有不同抗冻要求时的处理技术

5.5.1　技术背景

为适应工程实际要求和使设计更加合理，某导管架场地滑道改造工程在进行灌注桩设计时，改变了以往要求桩身必须为同一材料的传统做法，采用上段有抗冻要求而下段的水下部分无抗冻要求的做法。这对连续灌注竖管混凝土施工提出了新的课题，如何保证不同强度等级的混凝土界面位置的准确性，在什么高程处变换混凝土配合比，怎样保证混凝土不出现混夹现象，这些技术难题必须解决好，才能达到设计要求，确保改造工程质量，否则极易造成在潮差区浇筑了没有抗冻要求的混凝土的质量事故。在桩基码头补桩、加固改造等工程实践中，常出现对桩顶和桩身有不同设计要求的情况。

5.5.2　技术要点

为此提出了一整套处理方法，较好地解决了上下部有不同抗冻要求的灌注桩施工中的有关技术问题。根据灌注竖管混凝土需连续埋管、拔管，按竖管底口处分段顶升的工作机理和仅上段有抗冻要求，且最上部为质量较差的顶升混凝土的特点，并考虑在埋管深度、拔管长度、竖管内外混凝土高差对顶托孔内混凝土的难易程度等影响因素，工程中应遵守以下原则：

（1）要解决好具有抗冻要求的混凝土初灌量及在更换水下混凝土前抗冻

混凝土的埋管深度、竖管底口距孔底悬空距离等有关问题。因为此时灌注的抗冻混凝土，一般状况下始终在灌注竖管混凝土的全过程中被顶托在桩孔的最上面直达潮差区，只要灌注桩的顶托不困难，应尽量加大这部分抗冻混凝土的埋管深度。而竖管底口以下的这段抗冻混凝土将留在灌注桩的最底部，因而应尽量在满足施工规范要求的条件下缩短这段长度，一般控制在 0.5 ~ 0.8m 高。

(2)灌注水下无抗冻要求的混凝土，不提管、不拔管，连续灌注，待孔中混凝土顶升超过一次拔管高度(一般为 2 ~ 3m)时，拔 1 节管。但必须始终注意竖管底口在已顶升的抗冻混凝土初埋管深度的下方。按此原则一直灌注完应浇水下混凝土方量。

应浇水下混凝土的方量，可用以下方法确定：按成孔有效体积(包括护筒扩径段体积)扣除具有抗冻要求的混凝土段体积、孔底至更换的为水下混凝土时竖管底口之间段的体积，再扣除初埋管留在竖管内的抗冻混凝土体积进行计算。根据计算的应浇水下混凝土的方量，再按拌和混凝土每罐体积可测算出应浇的混凝土罐数。为便于控制，施工一般按应浇水下混凝土罐数减少 2 ~ 5 罐处理。随浇拔管，注意不能违反以上原则。

(3)第二次灌注具有抗冻要求的混凝土时(高度至设计顶高程加富裕高度)，在满足(1)、(2)原则下，还应在浇筑抗冻混凝土前复核该时刻竖管底口高程位置及此时的埋管深度，它必须符合图 5-16 条件才能灌注抗冻混凝土，否则要调整灌注桩施工节奏以满足其要求。

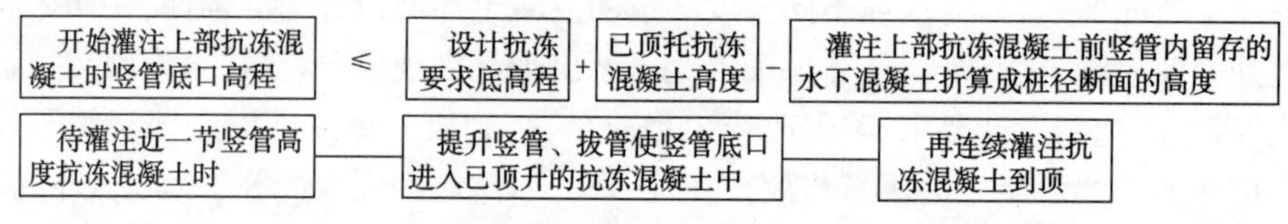

图 5-16　浇筑抗冻混凝土条件框图

不同阶段的竖管底口位置控制如图 5-17 所示。

(4)成桩后的灌注桩不同混凝土的实际界面为：桩最底部为抗冻混凝土或与水下混凝土相混层，高度为初灌水下混凝土时竖管底口与实际孔底间距离。桩中段为无抗冻要求的水下混凝土。桩上段为抗冻混凝土，其位置为从设计抗冻混凝土底高程起一直到桩顶。

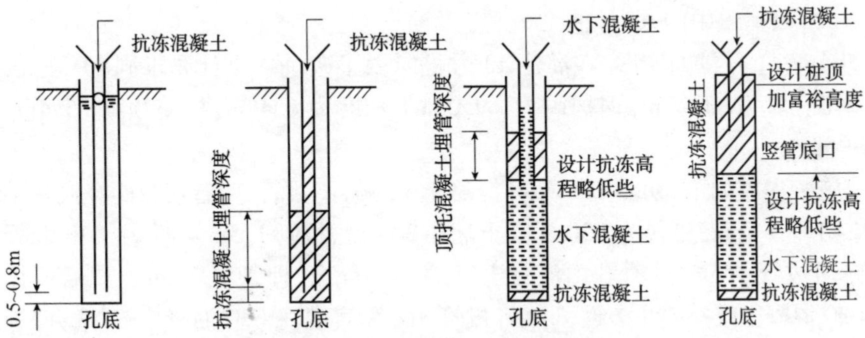

图5-17　不同施工阶段竖管底口位置示意图

5.5.3　工程应用

该技术已成功应用在滨海某滑道改造工程中。

(1)该工程中的41号桩

其设计要求为ϕ800mm、桩顶高程+3.38m、富裕高度0.8m、桩底高程-33.0m，其中+3.38m到-5.0m段为C30F250混凝土，其余为C30混凝土。

施工中沉埋了ϕ900mm钢护筒，护筒长6m，护筒顶高程为+5.13m，实际钻孔，清孔底高程为-34.12m。现场拌和机拌和C30F250混凝土的体积为0.277m^3/罐，C30混凝土的体积为0.232m^3/罐，竖管内径为24.5cm的每节1.5m长钢质竖管共39m长。护筒内已人工清挖到护筒底口。

灌注时，竖管底口距孔底悬空0.5~0.8m，混凝土拌和物坍落度为19.5cm。初灌量C30F250抗冻混凝土15罐，其体积为3.4m^3，孔内混凝土高度为6.7m，初埋管约6m。然后，不拔管又灌注7罐C30混凝土1.62m^3。孔内混凝土高度为10m，拔管3m，这时埋管深度为6.5m，此时竖管底口已在灌注C30F250抗冻混凝土下方0.5m。接着按每灌注6罐、7罐各拔管3m，共计灌注C30混凝土48罐，且始终保持竖管底口在被顶托上升的6m高C30F250混凝土下方。此时孔内混凝土高度为28.8m，顶面高程已达-5.32m，实际测绳测定为-4.27m(有近1m为孔内落沉砂)，即此时的C30F250混凝土底面在-10.0m左右，竖管底口在-10.0m以下。最后，不提、不拔竖管，灌注3罐C30F250混凝土，将竖管内留存的C30混凝土挤出竖管外。开始拔管，使竖管底口升到顶升的C30F250混凝土中，此时竖管埋深为2m，继续灌注C30F250混凝土到护筒顶。第二次灌注C30F250混凝土30罐。合计灌注C30F250、C30、C30F250混凝土93罐，充盈系数为1.03，满足了设计要求并保证了工程质量。

(2)该工程中的42号桩

针对41号桩的实践,在灌注42号桩时做了改进。设计要求同41号桩,实际施工孔底为-33.7m,钢护筒为ϕ950mm,长度为6.48m,护筒顶高+5.4m,竖管39m。

施工程序如下:初灌C30F250混凝土12罐,不拔管,竖管底口距孔底0.4m,造成初埋管5m。更换为C30混凝土灌注3罐后,拔管1.5m,再灌注C30混凝土10罐后拔管4.5m,这时孔内混凝土已达11.5m高,埋管深度5m。以后连续灌注C30混凝土按每灌注7罐、6罐各拔管3m,一直灌注C30混凝土60罐,埋管深度均大于5m。此时,孔内混凝土已有33.24m高,即混凝土顶面在-0.5m左右。按此推算C30F250混凝土底界面在-5.5m左右。这时更换为C30F250混凝土(现场测定坍落度为16.5cm,空气含量3.5%)灌注3罐,竖管底口在-10.0m左右,拔管3m,使竖管底口升到-7.0m位置,继续灌注C30F250混凝土后拔管3m,使竖管剩9m,竖管底口在-4.0m左右,一直灌C30F250混凝土到护筒顶,竖管也由9m缩为6m、3m。第二次灌注C30F250混凝土22罐。全桩共灌注混凝土94罐,充盈系数为1.08,抗冻混凝土界面从-5.5m起到+5.0m,完全符合设计要求,确保工程质量。

对于灌注上、下部有不同抗冻要求的灌注桩,必须合理安排初埋管深度、不同阶段竖管底口位置及变更不同强度等级混凝土的时机。严格执行上述成桩工艺,确保技术要点中的各项原则,就能使灌注桩上、下部有不同设计要求的施工获得成功。这使得灌注桩按不同作业部位选用不同混凝土的设计成为了现实,再也不必采取同种材料混凝土一灌到顶了,无疑也为灌注桩技术开辟了一个新领域,尤其适应于基桩码头补桩加固等特殊工况。

第 6 章　高桩码头叉桩破坏及加固方法

6.1　叉桩破损特征

交通运输部天津水运工程科学研究院对天津港泊位近几年的检查统计得到的叉桩破损数量、位置等见表 2-4。破损照片见图 2-16。

6.1.1　叉桩外观破损检测

通过现场的调查及统计可知:叉桩破损及裂缝位置出现在距离桩帽底部 0.5m 的范围以内;其裂缝走向见图 2-17。向岸斜桩断裂的数量要高于向海斜桩,在桩基检测中没有发现直桩出现破损现象;叉桩的破损属于受力破损而非耐久性破坏,而且有向岸斜桩的桩体内侧出现混凝土压碎的现象。在现场检测过程中没有发现由于钢筋锈蚀而使桩体混凝土剥落的现象,但是由于混凝土出现了压碎现象使保护层厚度降低及裂缝使得桩基中的钢筋很容易遭到恶劣的海洋环境腐蚀,所以很有可能由此降低桩体的耐久性。

6.1.2　桩体混凝土抗压强度检测

(1)基本原理及方法

回弹法是利用回弹仪中运动的重锤以一定冲击动能撞击顶在混凝土表面的冲击杆后,重锤回弹并带动一指针滑块,得到反映重锤回弹高度的回弹值,以回弹值推算混凝土强度。回弹法反映的是混凝土的表层强度,表层质量直接关系到钢筋锈蚀等耐久性问题,更严重的会影响钢筋与混凝土的握裹效果,直接影响承载力。

检测方法:在被测结构的侧面,选取没有疏松层、浮浆、油垢以及蜂窝麻面的原状混凝土面,抽样布置回弹测区(面积 200mm×200mm)若干。在每一个测区内用回弹仪弹击 16 个测点并读取回弹测值(N),剔除其中 3 个最大值和 3 个最小值,将剩余的 10 个测值的平均值作为该测区的回弹值,同时测量碳化深度值(H)。根据回弹值(N)、碳化深度值(H)与混凝土强度(f)的关系曲线计算得到测区混凝土的强度值。

(2)混凝土碳化深度测量

对桩体抽取2%且不少于3个桩体进行碳化深度检测，运用酚酞遇碱变红的原理，通过游标卡尺现场测量得到混凝土的碳化深度值，如表6-1所示。

混凝土碳化深度检测结果 表6-1

构件名称	测试结果(mm)	平均值(mm)
向岸斜桩	1.0~2.5	1.5
向海斜桩	0.5~2.5	2
直桩	1.0~2.5	1.5

(3)检测过程及结果

检测获得码头构件实测混凝土强度，通过与原设计强度对比来评价码头构件在使用期间强度的变化情况。原设计桩基混凝土标准为R350，相当于现行标准的C33。C33代表现行标准中混凝土立方体抗压强度为33.0MPa。

对22~24号泊位现场选取代表性构件分别进行回弹法测试。测试前要清除构件表面附着的海生物、浮泥等，必要时要进行打磨。测试数据汇总于表6-2。

回弹法测试混凝土强度值 表6-2

名称		混凝土抗压强度实测值(MPa)			混凝土抗压强度推定值(MPa)
泊位	构件	最大值	最小值	平均值	
22号	向岸斜桩	42.8	41.3	42.3	36.6
	向海斜桩	41.5	39.6	40.3	34.8
	直桩	40.8	39.4	40.1	34.5
23号	向岸斜桩	41.8	39.7	40.8	35.1
	向海斜桩	43.3	40.7	42.1	36.2
	直桩	42.8	41.4	42.3	36.3
24号	向岸斜桩	41.8	40.6	41.3	35.5
	向海斜桩	41.5	39.8	40.8	35.1
	直桩	41.5	40.1	40.9	35.2

由表6-2的数据可知，实测构件的强度均满足原设计的要求。

6.1.3 混凝土保护层厚度

钢筋保护层作用首先是保护钢筋不被环境侵蚀，另外钢筋保护层还起到黏结锚固传力的作用，就是钢筋要通过保护层把均匀力传到混凝土中，保护层厚度不足，会过早出现裂缝，钢筋不能充分受力，同时二氧化碳进入水中致使水呈弱酸性，易锈蚀钢筋。

对各类构件分别抽取2%且不少于5个构件进行保护层厚度检测。对所抽检的桩体全部受力钢筋进行保护层厚度检测，结果见表6-3。检测结果表明，桩体的钢筋保护层厚度基本符合设计要求。

混凝土保护层厚度检测结果　　表6-3

构件名称	测试结果(mm)	平均值(mm)	设计值(mm)
向岸斜桩	46～72	58	60
向海斜桩	55～73	64	60
直桩	48～68	59	60

6.1.4　桩体钢筋锈蚀程度及氯离子含量检测

(1)钢筋的残余直径

通过现场检测确定桩体钢筋残余直径。由于叉桩大多位于水面以下，故仅能测试低水位水面以上部分，通过测量水位变动区桩体的钢筋直径，得到钢筋断面损失检测结果如表6-4所示。

锈蚀钢筋断面损失检测结果　　表6-4

结构名称	向岸斜桩	向海斜桩	直桩
断面损失率平均值(%)	4.37	3.98	1.52

由于天津港发现叉桩破损后就立即进行灌浆处理，较大程度上杜绝了锈蚀的发生，所以由表6-4可知，其钢筋断面损失率最大平均值为4.37%。

(2)氯离子含量检测

氯离子对钢筋混凝土结构会产生危害。其表现为钢筋在外部介质作用下发生电化反应，逐步生成氢氧化铁(即铁锈)等，而氢氧化铁在强碱溶液中会形成稳定的保护层，阻止钢筋的锈蚀。海水中存在很多氯离子，而氯离子对钢筋表面钝化膜有特殊的破坏作用，当混凝土中氯离子含量超过标准时，钢筋会继续锈蚀，而水和氧的存在是钢筋被腐蚀的必要条件，因此，若混凝土开裂给水和氧提供了通道，则钢筋锈蚀加速，促成混凝土裂缝进一步开展，混凝土保护层剥落，最终使构件失去承载力。在钢筋锈蚀过程中，氯化物是催化剂，它不直接参与锈蚀反应，因此不会被消耗，而是长期保留在混凝土结构中，继续起到破坏作用。

钢筋混凝土结构中的氯化物分水溶性和酸溶性两种，作为外加剂和拌和料加入混凝土中的氯化物一般都是水溶性的，而骨料中含有的氯化物大多都是酸溶性的。水溶性氯化物危害大于酸溶性氯化物，因为它们可以直接腐蚀钢筋。根据《港口水工建筑物检测与评估技术规范》（JTJ 302—2006）中“B.2 钢筋劣化耐久性专项检测”的规定，具体方法是用冲击钻在结构混凝土尚未开裂、剥落的典型部位钻取试样，本次检测是在垂直于桩体的表面部位钻取混凝土粉末，每钻入1cm深度所取得的混凝土粉末作为1个试样，在每个取样点钻入深度为5cm，每个测点共取5个试样。然后将现场所采集的混凝土试样用萃取液配制成检测溶液，用RCT-1029型号的混凝土快速氯离子检测仪化验所取试样的氯离子含量。检测前首先对检测仪进行标定，然后对每一个配制好的试样溶液分别进行检测，将所测结果与标定曲线进行比较，确定检测结果。

由于氯离子对混凝土中的钢筋危害性较大，因此本次检测为对天津港22～24号泊位的基桩进行抽取检测，钻取了芯样，并将芯样带回试验室进行处理，通过试验得到芯样不同深度氯离子含量（氯离子与混凝土的质量百分比），见表6-5。

芯样不同深度氯离子含量 表6-5

结构部位	深度（cm）				
	1	2	3	4	5
向岸斜桩	0.2376	0.5168	0.3684	0.2367	0.0961
向海斜桩	0.2336	0.5070	0.3504	0.2237	0.0809
直桩	0.2456	0.5218	0.3741	0.2265	0.0853

6.2 叉桩受力特性

随着我国经济的持续增长，港口货物吞吐量迅猛增长，同时船舶向大型化发展，高桩码头为满足超过原设计船型的船舶停靠，对码头前沿水域和航道进行了浚深；外界荷载条件的改变必然对码头受力情况产生影响，根据天津港2009年秋季检查结果，高桩码头的许多叉桩出现了不同程度的断桩现象，所以应对外力及外力改变与叉桩受力关系进行研究。

高桩码头在软土地基类型的港口中应用极广，叉桩是一种用来抵抗码头水平作用力的重要结构。要弄清叉桩的破损原因，必须了解叉桩的受力状况，然而影响高桩码头叉桩受力的原因很多，包括码头自重、船舶撞击力及系缆力、码头前沿水域的浚深及码头岸线的回淤量、后承台和后方堆场的竖向荷载等。这些因素对叉桩受力的影响程度各不相同,其中对计算结果影响显著的因素是叉桩受力的敏感因素。通过正交分析可以确定叉桩受力计算中的敏感因素,对寻找叉桩破损原因和结构的优化设计具有十分重要的意义。

6.2.1　作用力

以天津港高桩码头为例,根据《港口工程荷载规范》(JTJ 215—1998)并结合现场观测,最后计算得到作用于单个排架下的最大船舶撞击力为 183.2kN,最大系缆力沿码头横向的分力为-126kN;根据资料选取码头前沿最大浚深为-11.0m,回淤量根据《天津港 2009 年秋季检查报告》测得的岸坡形式进行计算;后承台及后方堆场的最大竖向荷载根据现场调查取 50kN/m^2(设计荷载为后承台 50kN/m^2,后方堆场 30kN/m^2)。

6.2.2　叉桩受力分析

高桩码头的自重、船舶撞击力及系缆力、码头前沿水域的浚深及码头岸线的回淤量、后承台和后方堆场的竖向荷载等都会影响叉桩受力。高桩码头叉桩的受力是一个大系统多变量的复杂计算,受力的敏感性很强,当作用于码头的力变量发生变化时将直接影响叉桩的受力状况,而各种变量之间很可能是相互影响的,因此,系统分析各变量的敏感性是十分必要的。对结构进行优化以及结构破损原因分析,往往都需要对向量进行敏感性及增量分析,当某些外力参数发生微小变化时,判断对结构特征向量的敏感程度,如影响程度大,则说明这一参数改变对结构受力影响程度大,敏感性亦大,故此外力参数即为结构受力的主要原因。

为了避免重复分析,尽量减少试验的次数,分析采用具有均值和标准差敏感性因子计算方法的正交试验法进行分析。

(1)正交试验简述

正交试验设计方法是通过事先设计好的一套"正交表"来安排试验,借助正交表可以选出具有代表性的试验,以较少的试验次数所取得的试验数据进行统计分析,而能得到满意的结果。

对于多因素的试验问题,把试验需要考察的结果称为指标,把影响试验指标的因素称为因子,用字母 A、B、C 表示;把因子所处的状态称为水平,用 A_1、A_2……;B_1、B_2……表示,A_1、A_2……表示因子 A 的第一水平、第二水平……;B_1、B_2……表示因子 B 的第一水平、第二水平……。

(2)正交试验方案

根据《天津港2009秋季检查报告》可知：前承台叉桩在其桩顶附近出现了大量的宽裂缝，即断桩现象。为了得到其断桩原因，对叉桩桩顶受力进行分析。

为了得到叉桩桩顶受力随外力变化的规律和各外力对桩顶受力的敏感性程度，将影响叉桩受力的各因子（A：码头前沿水域的浚深及码头岸线的回淤量；B：船舶撞击力或系缆力；C：后承台和后方堆场的竖向荷载）均分为3个水平，进行正交分析；为了得到更精确的分析结果和减少试验次数，撞击力与系缆力分别与其他2个因子进行搭配计算。受力因子与水平情况见表6-6和表6-7。

撞击力组 表6-6

水平	A	B(kN)	C(kN/m^2)
1	-10m，无淤积	0	0
2	-10.5m，淤积50%	91.6	25
3	-11m，淤积100%	183.2	50

系缆力组 表6-7

水平	A	B(kN)	C(kN/m^2)
1	-10m，无淤积	0	0
2	-10.5m，淤积50%	-63	25
3	-11m，淤积100%	-126	50

本试验是三水平三因子的试验，故选择列数不少于3列的正交表格，在三水平正交表中，列数不少于3的最小正交表是L9(3^4)。原本三水平三因子的不同搭配共有27组不同的试验，现在只需9组试验通过计算分析就能反映全面的情况。

(3)计算结果分析

为了很好地模拟桩土摩擦，桩体采用三维实体单元，后处理中实体单元不能提取结构内力，需进行二次开发编制APDL语言，对截面进行积分从而得到叉桩结构内力，并通过坐标转换将其模型坐标下的受力转换到叉桩正截面的受力[式(6-1)、式(6-2)]，此处计算了叉桩桩顶垂直于轴向方向的截面(正截面)M_Z、M_X、F_Y、F_X的受力，其正截面坐标转换后的俯视图见图6-1。M_Z的正方向表示使沿X轴正方向的面受拉，M_X的正方向表示使沿Z轴正方向的面受拉，F_Y的力向为桩体受压为负，受拉为正；F_X 的正方向与 X 轴保持一致。

绕 Y 轴转：

$$\begin{bmatrix} x' \\ y' \\ z' \end{bmatrix} = \begin{bmatrix} \cos\theta & 0 & -\sin\theta \\ 0 & 1 & 0 \\ \sin\theta & 0 & \cos\theta \end{bmatrix} \begin{bmatrix} x \\ y \\ z \end{bmatrix} \tag{6-1}$$

绕 Z 轴转：

$$\begin{bmatrix} x' \\ y' \\ z' \end{bmatrix} = \begin{bmatrix} \cos\theta & -\sin\theta & 0 \\ \sin\theta & \cos\theta & 0 \\ 0 & 0 & 1 \end{bmatrix} \begin{bmatrix} x \\ y \\ z \end{bmatrix} \tag{6-2}$$

表6-8为撞击力试验组下向岸斜桩受到的弯矩 M_Z，其中的 I_j 表示第 j 列"1水平"所对应的数据之和；II_j 表示第 j 列"2水平"所对应的数据之和；III_j 表示第 j 列"3水平"所对应的数据之和。以 M_Z 第三列的数据为例：$\mathrm{I}_3/3$ 是1、6、8这3个试验所对应数据的平均值，而在这3次试验中 A 和 C 的水平都只出现了一次，$\mathrm{II}_3/3$、$\mathrm{III}_3/3$ 也是如此，因此3个平均数 $\mathrm{I}_3/3$、$\mathrm{II}_3/3$、$\mathrm{III}_3/3$ 的差别，只反映了 B_1、B_2、B_3 的差别。由于 $\mathrm{I}_3/3$、$\mathrm{II}_3/3$、$\mathrm{III}_3/3$ 的值逐渐增大，说明其结果随着 B 因素的增大，逐渐增大；用因子各水平所对应的平均值 $\mathrm{I}_3/3$、$\mathrm{II}_3/3$、$\mathrm{III}_3/3$ 可以评定该因子的变化对结果产生的规律，评定该因子取哪个水平能得到最大值或最小值。

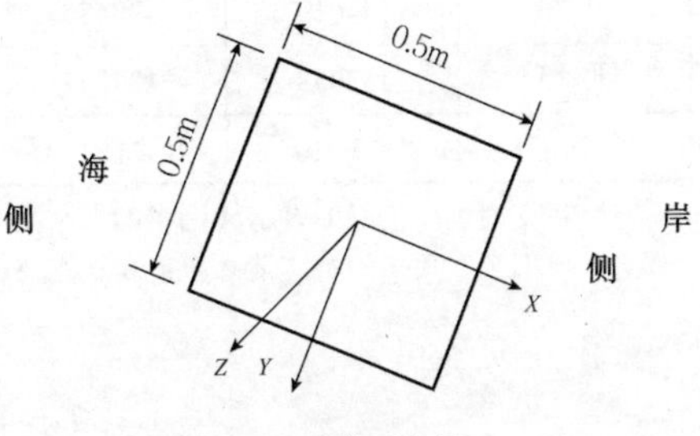

图6-1 正截面坐标

向岸斜桩 M_Z 试验及分析的正交表格 表6-8

工况 \ 列号	A		B	C	M_Z(N·m)
	1	2	3	4	
工况1	1	1	1	1	52200
工况2	1	2	2	2	119858
工况3	1	3	3	3	188240
工况4	2	1	2	3	179397
工况5	2	2	3	1	160394
工况6	2	3	1	2	94065
工况7	3	1	3	2	203075

续上表

工况 \ 列号	A		B	C	M_Z(N·m)
	1	2	3	4	
工况 8	3	2	1	3	135212
工况 9	3	3	2	1	120586
I_j	360298	434672	281477	333180	T=1253027 $\bar{y}$=139225
II_j	433856	415464	419841	416998	
III_j	458873	402891	551709	502849	
$\mathrm{I}_j/3$	120099	144891	93826	111060	
$\mathrm{II}_j/3$	144619	138488	139947	138999	
$\mathrm{III}_j/3$	152958	134297	183903	167616	
S_j	1.75×10^9	1.71×10^8	1.22×10^{10}	4.80×10^9	

注：正交表中的工况 1 表示 A 因子的 1 水平与 B 因子的 1 水平和 C 因子的 1 水平的工况组合试验。各因子和水平的对应请参照表 6-6、表 6-7。

由正交表可知：

$$T=\mathrm{I}_j+\mathrm{II}_j+\mathrm{III}_j \tag{6-3}$$

$$\bar{y}=\sum_{i=1}^{9}y_j \tag{6-4}$$

$$S_j=3\left[\left(\frac{\mathrm{I}}{3}-\bar{y}\right)^2+\left(\frac{\mathrm{II}}{3}-\bar{y}\right)^2+\left(\frac{\mathrm{III}}{3}-\bar{y}\right)^2\right] \tag{6-5}$$

S_j 表示第 j 列的偏差平方和。S_j 的值较大，表示该列所在的因子影响较大。表中 B 因子的 S_j 最大，故其对 M_Z 的影响最大。

去掉表 6-8 中各工况号得到不同外力下叉桩桩顶的 M_Z、M_X、F_Y、F_X 的分析表格。由于 F_Z、M_Y 的数值很小，其对结构的影响较小，故未对其进行分析。系缆力作用下向岸斜桩 M_Z 计算见表 6-9。

系缆力作用下向岸斜桩 M_Z 计算表格 表 6-9

均值 \ 列号	A		B	C	向岸斜桩受力（系缆力组）
	1	2	3	4	
$\mathrm{I}_j/3$	36178	57369	93826	24684	M_Z(N·m)
$\mathrm{II}_j/3$	59156	53819	53257	52271	
$\mathrm{III}_j/3$	64522	48668	12773	82900	
S_j	1.36×10^9	1.15×10^8	9.85×10^9	5.09×10^9	

由表6-8和表6-9可知:水平力(撞击力和船舶系缆力)对向岸斜桩桩顶的 M_Z 值影响最大,其次是后承台和后方堆场的均布荷载,码头前沿的浚深和码头岸线的回淤量对 M_Z 值的影响最小。并且作用于码头的水平力(撞击力、系缆力)由小到大变化时(系缆力为负),向岸斜桩桩顶的 M_Z 递增(朝着使坐标轴正方向的面受拉方向发展);向岸斜桩桩顶的 M_Z 值会随着后承台及后方堆场的竖向均布荷载的增加而增加;码头的浚深和岸线回淤量的加大,也会使向岸斜桩桩顶的 M_Z 值呈递增的趋势,但其由水平2变化到水平3时,对 M_Z 的改变量较小。

所以向岸斜桩桩顶的 M_Z 值在组合33(撞)3工况下达到最大值,13(拉)1下达到最小值。注:33(撞)3中,括号中的"撞"表示第二个因子是撞击力的某水平,同理13(拉)1中的"拉"表示系缆力,以下类同不再进行说明。

撞击力作用下向岸斜桩 F_Y 计算见表6-10,系缆力作用下向岸斜桩 F_Y 计算见表6-11。

撞击力作用下向岸斜桩 F_Y 计算表格　　表6-10

列号 / 均值	A		B	C	向岸斜桩受力（撞击力组）
	1	2	3	4	
$Ⅰ_j/3$	−316091	−290484	−202167	−322188	F_Y(N)
$Ⅱ_j/3$	−288608	−297749	−299354	−300172	
$Ⅲ_j/3$	−281841	−308306	−395019	−274180	
S_j	1.35×10^9	4.82×10^8	5.58×10^{10}	3.47×10^9	

系缆力作用下向岸斜桩 F_Y 计算表格　　表6-11

列号 / 均值	A		B	C	向岸斜桩受力（系缆力组）
	1	2	3	4	
$Ⅰ_j/3$	−168751	−137515	−202167	−172970	F_Y(N)
$Ⅱ_j/3$	−138909	−149946	−148753	−149098	
$Ⅲ_j/3$	−135353	−159552	−96093	−124945	
S_j	1.75×10^9	7.32×10^8	1.69×10^{10}	3.46×10^9	

由表6-10和表6-11可知:撞击力和船舶系缆力对向岸斜桩桩顶的 F_Y 值影响最大,其次是后承台和后方堆场的均布荷载,码头前沿的浚深和码头岸线的回淤量对 F_Y 值的影响最小。并且作用于码头的水平力(撞击力、系缆力)由小到大变化时(系缆力为负),向岸斜桩桩顶的 F_Y 值递减(朝着使截面受压的方向发展);向岸斜桩桩顶的 F_Y 值会随着后承台及后方堆场的竖向均布荷载的增加而

增加；码头的浚深和岸线回淤量的增加使 F_Y 值增加，但其由水平 2 变化到水平 3 时，对 F_Y 的改变量较小。

所以向岸斜桩桩顶的 F_Y 值在组合 33(拉)3 工况下达到最大值，13(撞)1 下达到最小值。

撞击力作用下向岸斜桩 F_X 计算见表 6-12，系缆力作用下向岸斜桩 F_X 计算见表 6-13。

撞击力作用下向岸斜桩 F_X 计算表格 表 6-12

列号 / 均值	A		B	C	向岸斜桩受力（撞击力组）
	1	2	3	4	
$\mathrm{I}_j/3$	38678	47696	36897	36622	F_X(N)
$\mathrm{II}_j/3$	48304	46297	46126	45786	
$\mathrm{III}_j/3$	51433	44421	55392	56007	
S_j	2.65×10^8	1.62×10^7	5.13×10^8	5.64×10^8	

系缆力作用下向岸斜桩 F_X 计算表格 表 6-13

列号 / 均值	A		B	C	向岸斜桩受力（系缆力组）
	1	2	3	4	
$\mathrm{I}_j/3$	20520	30017	36897	18129	F_X(N)
$\mathrm{II}_j/3$	30303	27943	27952	27753	
$\mathrm{III}_j/3$	33261	26124	19235	38202	
S_j	2.67×10^8	2.28×10^7	4.68×10^8	6.05×10^8	

由表 6-12 和表 6-13 可知：后承台和后方堆场的均布荷载对向岸斜桩桩顶的 F_X 值影响最大，其次是撞击力和船舶系缆力，码头前沿的浚深及岸线的回淤量对 F_X 值的影响甚微。并且作用于码头的水平力（撞击力、系缆力）由小到大变化时（系缆力为负），向岸斜桩桩顶的 F_X 值递增（使截面受坐标轴正方向的水平力增大）；向岸斜桩桩顶的 F_X 值会随着后承台及后方堆场的竖向均布荷载的增加而增加；码头的浚深和岸线回淤量的增加使 F_X 值增加，但其由水平 2 变化到水平 3 时，对 F_X 的改变量较小。

所以向岸斜桩桩顶的 F_X 值在组合 33(撞)3 工况下达到最大值，13(拉)1 下达到最小值。

撞击力作用下向岸斜桩 M_X 计算见表 6-14，系缆力作用下向岸斜桩 M_X 计算见表 6-15。

撞击力作用下向岸斜桩 M_X 计算表格　　表 6-14

列号 / 均值	A		B	C	向岸斜桩受力（撞击力组）
	1	2	3	4	
$Ⅰ_j/3$	−57886	−59637	−12715	−54909	M_X(N·m)
$Ⅱ_j/3$	−58259	−57679	−58503	−59076	
$Ⅲ_j/3$	−59242	−58071	−104169	−61402	
S_j	2.94×10^6	6.44×10^6	1.25×10^{10}	6.49×10^7	

系缆力作用下向岸斜桩 M_X 计算表格　　表 6-15

列号 / 均值	A		B	C	向岸斜桩受力（系缆力组）
	1	2	3	4	
$Ⅰ_j/3$	21634	20038	−12715	23494	M_X(N·m)
$Ⅱ_j/3$	20943	18479	18961	19555	
$Ⅲ_j/3$	20134	18481	50751	13948	
S_j	4.08×10^7	4.86×10^6	6.04×10^9	1.38×10^8	

由表 6-14 和表 6-15 可知：撞击力和系缆力对向岸斜桩桩顶的 M_X 值影响最大，其次是后承台和后方堆场的均布荷载，码头前沿的浚深和码头岸线的回淤量对 M_X 值的影响较小。并且作用于码头的水平力（撞击力、系缆力）由小到大变化时（系缆力为负），向岸斜桩桩顶的 M_X 值减小（朝着使坐标轴负方向的面受拉方向发展）；码头前沿的浚深和码头岸线的回淤量的增大，使 M_X 减小；后承台和后方堆场的均布荷载的增大，使向岸斜桩的 M_X 值减小。

所以向岸斜桩桩顶的 M_X 值在组合 13（拉）1 工况下达到最大值，33（撞）3 下达到最小值。

撞击力作用下向海斜桩 M_Z 计算见表 6-16，系缆力作用下向海斜桩 M_Z 计算见表 6-17。

撞击力作用下向海斜桩 M_Z 计算表格　　表 6-16

列号 / 均值	A		B	C	向海斜桩受力（撞击组）
	1	2	3	4	
$Ⅰ_j/3$	47303	42564	3904	35316	M_Z(N·m)
$Ⅱ_j/3$	42112	41928	42185	41755	
$Ⅲ_j/3$	36847	41769	80172	49190	
S_j	1.64×10^8	1.06×10^6	8.73×10^9	2.89×10^8	

系缆力作用下向海斜桩 M_Z 计算表格　　表 6-17

均值＼列号	A		B	C	向海斜桩受力（系缆力组）
	1	2	3	4	
$Ⅰ_j/3$	-16090	-21810	3904	-29662	M_Z(N·m)
$Ⅱ_j/3$	-22184	-22394	-21865	-22644	
$Ⅲ_j/3$	-28210	-22280	-48523	-14178	
S_j	2.20×10^8	5.75×10^5	4.12×10^9	3.61×10^8	

由表6-16 和表6-17 可知：撞击力和船舶系缆力对向海斜桩桩顶的 M_Z 值影响最大，其次是后承台和后方堆场的均布荷载，码头前沿的浚深和码头岸线的回淤量对 M_Z 值的影响最小。并且作用于码头的水平力（撞击力、系缆力）由小到大变化时（系缆力为负），向海斜桩的弯矩值 M_Z 递增（朝着使坐标轴正方向的面受拉方向发展）；向海斜桩桩顶的 M_Z 值会随着后承台及后方堆场的竖向均布荷载的增加而增加；然而码头浚深和岸线回淤量的加大，使向海斜桩桩顶的 M_Z 值呈递减趋势。

所以向海斜桩桩顶的 M_Z 值在组合 13（撞）3 工况下达到最大值，33（拉）1 下达到最小值。

撞击力作用下向海斜桩 F_Y 计算见表 6-18，系缆力作用下向海斜桩 F_Y 计算见表 6-19。

撞击力作用下向海斜桩 F_Y 计算表格　　表 6-18

均值＼列号	A		B	C	向海斜桩受力（撞击力组）
	1	2	3	4	
$Ⅰ_j/3$	-236627	-241772	-299990	-225151	F_Y(N)
$Ⅱ_j/3$	-242031	-241745	-244432	-241649	
$Ⅲ_j/3$	-249274	-244415	-183511	-261132	
S_j	2.42×10^8	1.41×10^7	2.04×10^{10}	1.95×10^9	

系缆力作用下向海斜桩 F_Y 计算表格　　表 6-19

均值＼列号	A		B	C	向海斜桩受力（系缆力组）
	1	2	3	4	
$Ⅰ_j/3$	-331294	-337075	-299990	-322116	F_Y(N)
$Ⅱ_j/3$	-338017	-338272	-338944	-337493	
$Ⅲ_j/3$	-345556	-339520	-375933	-355257	
S_j	3.05×10^8	8.97×10^6	8.65×10^9	1.65×10^9	

由表6-18和表6-19可知：撞击力和系缆力对向海斜桩桩顶的 F_Y 值影响最大，其次是后承台和后方堆场的均布荷载，码头前沿的浚深和码头岸线的回淤量对 F_Y 值的影响最小。并且作用于码头的水平力（撞击力、系缆力）由小到大变化时（系缆力为负），向海斜桩桩顶的 F_Y 值增加（朝着受拉的趋势发展）；向海斜桩桩顶的 F_Y 值随着后承台和后方堆场竖向均布荷载的增大而减小；码头浚深和岸线回淤量的加大，使向海斜桩的 F_Y 值减小。

所以向海斜桩桩顶的 F_Y 值在组合13（撞）1工况下达到最大值，33（拉）3下达到最小值。

撞击力作用下向海斜桩 F_X 计算见表6-20，系缆力作用下向海斜桩 F_X 计算见表6-21。

撞击力作用下向海斜桩 F_X 计算表格　　表6-20

列号 / 均值	A		B	C	向海斜桩受力（撞击力组）
	1	2	3	4	
$Ⅰ_j/3$	6778	5422	−1544	2248	F_X(N)
$Ⅱ_j/3$	5316	5110	5668	5113	
$Ⅲ_j/3$	3780	5342	11750	8514	
S_j	1.35×10^7	1.57×10^5	2.66×10^8	5.90×10^7	

系缆力作用下向海斜桩 F_X 计算表格　　表6-21

列号 / 均值	A		B	C	向海斜桩受力（系缆力组）
	1	2	3	4	
$Ⅰ_j/3$	−5607	−6912	−1544	−9678	F_X(N)
$Ⅱ_j/3$	−6891	−6947	−6704	−7072	
$Ⅲ_j/3$	−8273	−6911	−12522	−4020	
S_j	1.07×10^7	2.57×10^3	1.81×10^8	4.81×10^7	

由表6-20和表6-21可知：撞击力和系缆力对向海斜桩桩顶的 F_X 值影响最大，其次是后承台和后方堆场的均布荷载，码头前沿的浚深和码头岸线的回淤量对 F_X 值的影响最小。并且作用于码头的水平力（撞击力、系缆力）由小到大变化时（系缆力为负），向海斜桩桩顶的 F_X 值增加（朝着受坐标轴正方向的水平力发展）；向海斜桩桩顶的 F_X 值随着后承台和后方堆场竖向均布荷载的增大而增大；码头浚深和岸线回淤量的加大，使向海斜桩的 F_X 值减小。

所以向海斜桩桩顶的 F_X 值在组合13（撞）3工况下达到最大值，33（拉）1下达到最小值。

撞击力作用下向海斜桩 M_X 计算见表6-22,系缆力作用下向海斜桩 M_X 计算见表6-23。

撞击力作用下向海斜桩 M_X 计算表格　　表6-22

列号 / 均值	A		B	C	向海斜桩受力（撞击力组）
	1	2	3	4	
$Ⅰ_j/3$	-23429	-24974	-11871	-20414	M_X(N·m)
$Ⅱ_j/3$	-24878	-25091	-24765	-24278	
$Ⅲ_j/3$	-25948	-24189	-37618	-29563	
S_j	9.17×10^6	1.44×10^6	9.94×10^8	1.27×10^8	

系缆力作用下向海斜桩 M_X 计算表格　　表6-23

列号 / 均值	A		B	C	向海斜桩受力（系缆力组）
	1	2	3	4	
$Ⅰ_j/3$	292	-2604	-11871	2883	M_X(N·m)
$Ⅱ_j/3$	-2022	-1192	-1546	-1365	
$Ⅲ_j/3$	-3637	-471	9150	-5786	
S_j	2.41×10^7	7.07×10^6	6.63×10^8	1.13×10^8	

由表6-22和表6-23可知:撞击力和系缆力对向海斜桩的 M_X 值影响最大,其次是后承台和后方堆场的均布荷载,码头前沿的浚深和码头岸线的回淤量对 M_X 值的影响甚微。并且码头前沿的浚深和码头岸线的回淤量由小到大变化时,向海斜桩的 M_X 值减小(朝着使坐标轴负方向的面受拉方向发展);作用于码头的水平力(撞击力、系缆力)由小到大变化时(系缆力为负),向海斜桩的 M_X 值减小;向海斜桩的 M_X 值随着后承台和后方堆场竖向均布荷载的增大而减小。

所以向海斜桩的 M_X 在组合13(拉)1工况下达到最大值,33(撞)3下达到最小值。

6.2.3 结论

以高桩码头某结构段为工程实例,利用ANSYS有限元软件建立了高桩码头结构与土相互作用的数值计算模型;重点分析了在不同作用力及其各水平下,高桩码头叉桩的受力(M_Z、M_X、F_Y、F_X)情况,得出了以下结论:

(1)码头前沿的浚深和码头岸线的回淤量由水平2变化到水平3时对向岸斜桩 M_Z、F_Y、F_X 的改变量较小,远远小于由水平1变化到水平2时的改变;其余都呈现出了较强的规律性变化过程。

(2)向岸斜桩的 M_Z 值在组合33(撞)3工况下达到最大值,13(拉)1下达到最小值;F_Y 值在组合33(拉)3工况下达到最大值,13(撞)1下达到最小值;F_X 值在组合33(撞)3工况下达到最大值,13(拉)1下达到最小值;M_X 值在组合13(拉)1工况下达到最大值,33(撞)3下达到最小值。对向岸斜桩的 M_Z、F_Y、M_X 影响最大的是水平力(撞击力和船舶系缆力),对 F_X 值影响最大的是后承台和后方堆场的均布荷载。

(3)向海斜桩的 M_Z 值在组合13(撞)3工况下达到最大值,33(拉)1下达到最小值;F_Y 值在组合13(撞)1工况下达到最大值,33(拉)3下达到最小值;F_X 值在组合13(撞)3工况下达到最大值,33(拉)1下达到最小值;M_X 在组合13(拉)1工况下达到最大值,33(撞)3下达到最小值。对向海斜桩的 M_Z、F_Y、F_X、M_X 影响最大的均是水平力(撞击力和船舶系缆力)。

6.3　叉桩破损原因分析

高桩码头的叉桩破损位置均位于叉桩桩顶附近(腐蚀严重的水位变动区)。鉴于此,应该及时开展高桩码头叉桩破损原因分析,找到造成叉桩破损的最不利受力工况,从而制订科学的加固维修方案。由前面的分析得到了叉桩桩顶的受力特性及受力的数值情况,利用这些规律并结合叉桩本身结构的抗力因素,分析叉桩破损的原因及各因子(船舶撞击力及系缆力,码头前沿水域浚深及码头岸线的回淤量,后承台和后方堆场的竖向荷载)对这一破损因素的贡献程度(即敏感度),进一步分析影响叉桩破损的主要原因、次要原因等。

6.3.1　桩体受力计算工况

影响高桩码头叉桩受力的原因很多:船舶撞击力及系缆力,码头前沿水域浚深及码头岸线的回淤量;后承台和后方堆场的竖向荷载等。为了精确分析结构受力,将各外力因子分为3个水平(第3水平对应的是各因子的最值),见表6-24。结合以上因素及各水平对叉桩受力进行数值计算分析,计算工况见表6-25。

外力因子计算值　　表6-24

水平	码头前沿水深及岸坡回淤量	撞击力(系缆力)(kN)	后方堆场及后承台竖向荷载(kN/m²)
1	-10m,无淤积	0(0)	0
2	-10.5m,淤积50%	91.6(-63)	25
3	-11m,淤积100%	183.2(-126)	50

工况组合计算表　　表 6-25

参数	码头前沿水深及岸坡回淤量水平	撞击力水平	堆场及后承台竖向荷载水平
工况 1	1	1	1
工况 2	1	2	2
工况 3	1	3	3
工况 4	2	2	3
工况 5	2	3	1
工况 6	2	1	2
工况 7	3	3	2
工况 8	3	1	3
工况 9	3	2	1

注：工况 3 为码头前沿水深及岸坡回淤量在水平 1，撞击力在水平 3（183.2kN），堆场及后承台竖向荷载在水平 3（$50kN/m^2$）的组合。系缆力工况组合参照表 6-25，将撞击力改为系缆力即可。

高桩码头结构通过桩体摩擦力来支撑着上部结构，而摩擦力大小与土的主动土压力、被动土压力等密切相关；船舶撞击力及系缆力、码头前沿水域的浚深及码头岸线的回淤量、后承台和后方堆场的竖向荷载对叉桩受力是相互影响的，其中一个值的大小和方向可能会造成其他因素随之发生改变，所以要得到某个参数对叉桩受力的影响必须考虑其他两个参数的存在。例如：工况 1、工况 2、工况 3 中码头前沿水深及岸坡回淤量都是在水平 1 下，而其他两个参数的水平都分别取为 1、2、3；工况 4、工况 5、工况 6 描述的是码头前沿水深及岸坡回淤量在水平 2 下的情况，所以把工况 4、工况 5、工况 6 下叉桩受力的平均值减去工况 1、工况 2、工况 3 下叉桩受力的平均值作为由码头前沿水深及岸坡回淤量的变化产生的叉桩受力的变化较仅在参数"码头前沿水深及岸坡回淤量"单独改变时码头受力的变化更为准确。

叉桩受力由以上 3 个因素确定，在上述 3 个因素哪种水平组合下产生破坏受力的数值最大，其就是对应的桩体受力的最不利工况组合。

6.3.2　叉桩破损机理

叉桩能使码头承受的水平力转换为叉桩的轴向力，并通过叉桩传到土体，使码头在水平力作用下产生很小的水平位移，并且叉桩桩顶还承受较大的弯矩，故其为偏心受压构件。偏心受压构件需对其斜截面和正截面承载力进行计算。

由于桩体正截面受力形式为双向偏心受压，而且桩体还有预应力，故其承载力计算较为复杂，运用 ANSYS 有限元，按受力等效原则模拟桩顶正截面受力状况(模型底部0.5m范围内的受力与桩顶受力一致),运用工况13(撞)3向岸斜桩(可能并不是最不利工况)的轴向力和弯矩进行正截面承载力计算,并添加裂缝开裂计算,即混凝土达到其抗拉强度后就不再承受拉应力。抗体裂缝图和正截面Y方向应力图如图6-2、图6-3所示。

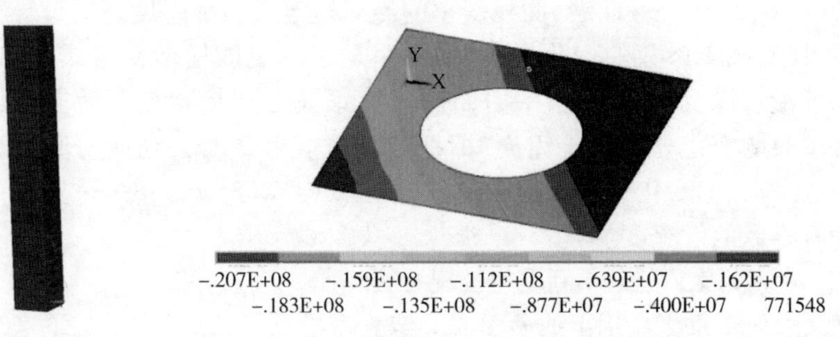

图6-2　裂缝图　　　图6-3　正截面Y方向应力图

由图6-2可知,模型距底0.5m范围以内的区域出现了裂缝。由图6-3可知,模型距底0.3m位置的正截面右边深色区域已经基本拉开,全靠钢筋承受拉应力,并且混凝土最大压应力达20.7MPa,轴心抗压强度为22.0MPa,所以在可能不是极端受力工况133下桩体便会发生受拉破坏,并接近受压破坏。

由于剪切力很小(各计算工况下得到的最大剪切应力为0.27MPa,而工况133下正截面应力可高达20.7MPa,剪切应力与正截面应力的比值仅为1.43%),故剪切力对截面正应力改变量很小,根据三向应力状态及莫尔圆原理,可将桩体的正截面近似简化为构件的主应力面,由此将桩体正截面的应力近似为最大应力。通过有限元计算得到叉桩正截面受到的桩顶弯矩值和轴向力值,然后根据式(6-6)、式(6-7)计算桩体正截面的应力来近似桩体最大应力。

$$\sigma=\frac{F}{A_0} \tag{6-6}$$

$$\sigma=\frac{M}{W_z} \tag{6-7}$$

式中,W_z为抗弯截面模量。

6.3.3　叉桩敏感度分析

(1)敏感度分析计算方法介绍

所谓正截面应力敏感度分析就是研究影响正截面应力的各因素与截面应力

变化的相关关系,它等于正截面应力的变化与各参数的相对变化之间的比值。

令各参数在可能的范围内移动,分析参数的变化对应力的影响程度。在实际系统中决定系统特性的各参数是不同的物理量,单位各不相同。为了比较系统中各参数对系统特性的影响,需要对参数作无量纲处理。绘制 ΔF_i-$\Delta X_i/X_i$($i=1,2,3\cdots\cdots$)曲线,曲线斜率的绝对值定义为敏感度。通过计算结果的分析发现,随着参数的变化,叉桩受力呈现了一定的递增或递减规律,所以把码头前沿水深及回淤量、水平力(撞击力、系缆力)、后承台及后方堆场竖向荷载等参数的变化分为一步完成,即把各参数值由 0 增大到最大值时叉桩正截面拉、压应力的变化作为正应力的敏感度:$\Delta X_i/X_i$($i=1,2,3\cdots\cdots$)= 1 下 ΔF_i 的值为各参数的敏感度。

(2)敏感度及叉桩最不利受力工况分析

把叉桩仅受重力作用下的截面应力定为基准状态,其基准状态下产生的向海斜桩、向岸斜桩正截面应力计算表见表 6-26、表 6-27;在撞击力作用下叉桩的敏感度计算见表 6-28。

向海斜桩在基准作用下产生的截面应力 表 6-26

参数	基准状态下的受力		截面应力(MPa)	应力受力位置	压应力贡献值(MPa)	拉应力贡献值(MPa)
向海斜桩(基准)	M_Z (N·m)	2826	-0.14	负面	-1.69	-0.81
			0.14	正面		
	M_X (N·m)	-6433	-0.3	正面		
			0.3	负面		
	F_Y(N)	-275608	-1.25	全		

注:“全”为整个混凝土截面都受的应力,当然也包括 M_X、M_Z 的正负面。

向岸斜桩在基准作用下产生的截面应力 表 6-27

参数	基准下的受力		截面应力(MPa)	应力受力位置	压应力贡献值(MPa)	拉应力贡献值(MPa)
向岸斜桩(基准)	M_Z (N·m)	52200	-2.51	负面	-4.04	1.92
			2.51	正面		
	M_X (N·m)	-9759	-0.47	正面		
			0.47	负面		
	F_Y(N)	-234390	-1.06	全		

撞击力作用下向海斜桩正截面应力敏感度分析　　表6-28

参数	受力变化量		截面应力(MPa)	应力受力位置	压应力敏感度	拉应力敏感度	最大压应力组合及敏感度	最大拉应力组合及敏感度
前沿浚深及回淤量	ΔM_Z(N·m)	-10456	-0.5	正面	-0.66	0.54	组合13(撞)3;-5.64	组合13(撞)3;6.38
			0.5	负面				
	ΔM_X(N·m)	-1519	-0.1	正面				
			0.1	负面				
	F_Y(N)	-12646	-0.06	全				
撞击力	ΔM_Z(N·m)	76268	-3.66	负面	-4.37	5.43		
			3.66	正面				
	ΔM_X(N·m)	-25747	-1.24	正面				
			1.24	负面				
	F_Y(N)	116479	0.53	全				
后承台及后方堆场荷载	ΔM_Z(N·m)	13874	-0.67	负面	-1.27	0.95		
			0.67	正面				
	ΔM_X(N·m)	-9150	-0.44	正面				
			0.44	负面				
	F_Y(N)	-35980	-0.16	全				

注:ΔF_i 为截面应力的变化率,截面应力的"+,-"不表示大小,"+"表示拉应力,"-"表示压应力,数字表示了其变化率的大小。组合13(撞)3中,1表示前沿浚深及回淤量水平取值1,第一个3表示撞击力水平取3,即183.2kN,第二个3表示后承台及后方堆场竖向荷载达到水平取3,即50kN/m^2。

由表6-28可知:撞击力(水平力)对正截面拉应力和压应力的敏感度最大,其次是后承台及后方堆场荷载,最小的是码头前沿水深及回淤量;并且撞击力(水平力)作用下的压应力和拉应力敏感度的绝对值大于其他两个参量作用之和,所以在计算组合水平下最大应力敏感度时先选取撞击力(水平力),其工况水平取3;码头前沿水深及回淤量作用下 M_Z 产生的拉应力和压应力敏感性最强,且其绝对值大于 M_X、F_Y 下敏感度绝对值之和,但是其产生的受压、受拉面与撞击力(水平力)作用下 M_Z 产生的受压、受拉面相反,故其会减小组合下的最大应力敏感度的绝对值,所以码头前沿水深及回淤量工况水平取1;后承台及后方堆场荷载作用下 M_Z 产生的拉应力和压应力敏感性最强,其绝对值大于 M_X、F_Y 绝对值之和,并且其产生的受压、受拉面与撞击力(水平力)作用下 M_Z 产生的受压、受拉面相同,能增大最大应力敏感度的绝对值,所以其工况水平取3,其 M_X 产生的受压、受拉面与撞击力(水平力)作用下 M_X 产生的受压、受拉面也相同,故计算最大压应力、拉应力敏感度的时候应该加上其敏感度。

根据以上分析可知,在撞击力作用下,码头向海斜桩应力的最强敏感度为工况13(撞)3,其最大压应力敏感度=-4.37+(-0.67)+(-0.44)+(-0.16)=-5.64。在这种工况下,码头向海斜桩受到的应力最大,成为该叉桩最不利的受力工况。

同理,向海斜桩在系缆力下截面应力敏感度分析可见表6-29。

系缆力作用下向海斜桩正截面应力敏感度分析 表6-29

参数	受力变化量		截面应力(MPa)	应力受力位置	压应力敏感度	拉应力敏感度	最大压应力组合及敏感度	最大拉应力组合及敏感度
前沿浚深及回淤量	ΔM_Z (N·m)	-1210	-0.06	正面	-0.295	0.165	组合13(拉)1;-3.87	组合13(拉)1;3.19
			0.06	负面				
	ΔM_X (N·m)	-3529	-0.17	正面				
			0.17	负面				
	F_Y(N)	-14262	-0.065	全				
系缆力	ΔM_Z (N·m)	-52426	-2.52	正面	-3.87	3.19		
			2.52	负面				
	ΔM_X (N·m)	21022	-1.01	负面				
			1.01	正面				
	F_Y(N)	-75943	-0.34	全				
后承台及后方堆场荷载	ΔM_Z (N·m)	15484	-0.74	负面	-1.31	1.01		
			0.74	正面				
	ΔM_X (N·m)	-8669	-0.42	正面				
			0.42	负面				
	F_Y(N)	-33141	-0.15	全				

由表6-29可知:系缆力(水平力)对正截面最大拉应力和最大压应力的敏感度最大,其次是后承台及后方堆场荷载,最小的是码头前沿水深及回淤量;并且系缆力(水平力)作用下的压应力和拉应力敏感度的绝对值大于其他两个参量作用之和,所以在计算组合下最大应力敏感度时先选取系缆力(水平力),其工况水平取3;码头前沿水深及回淤量作用下 M_X 产生的拉应力和压应力敏感性最强,且其绝对值大于 M_Z、F_Y 下敏感度绝对值之和,但是其产生的受压、受拉面与系缆力(水平力)作用下 M_X 产生的受压、受拉面相反,故其会减小组合水平下的最大应力敏

感度的绝对值,所以码头前沿水深及回淤量水平取 1;后承台及后方堆场荷载作用下 M_Z 产生的拉应力和压应力敏感性最强,并且其绝对值大于 M_X、F_Y 绝对值之和,但是其产生的受压、受拉面与撞击力(水平力)作用下 M_Z 产生的受压、受拉面相反,故其会减小组合下的最大应力敏感度的绝对值,故其工况水平取 1。总之,在组合 13(拉)1 时最大压应力和最大拉应力敏感度绝对值最大,所以在系缆力作用下,13(拉)1 工况组合为码头向海斜桩的最不利受力工况。

由上面的分析可知,在撞击力(水平力)作用下,向海斜桩的最强拉应力敏感度和最强压应力敏感度分别为 6.38 和−5.64;系缆力(水平力)作用下,向海斜桩的最强拉应力敏感度和最强压应力敏感度分别为 3.19 和−3.87;所以 13(撞)3 作用下的最强拉应力敏感度和最强压应力敏感度比工况组合 13(拉)1 作用下强,并且由向海斜桩仅在重力作用下的受力表可知:撞击力(水平力)作用下叉桩桩顶受力变化规律与仅重力作用下的叉桩的受力是一致的,所以在工况组合 13(撞)3 下产生的桩顶受压、受拉均大于工况组合 13(拉)1。因此可知,码头向海斜桩最不利受力工况为在撞击力作用下的 13(撞)3 工况组合。

和向海斜桩最不利受力工况分析类似,可进行向岸斜桩的最不利受力工况分析。首先,对向岸斜桩在撞击力作用下的敏感度进行计算,可参见表 6-30。

撞击力作用下向岸斜桩正截面应力敏感度分析 表 6-30

参数	受力变化量		截面应力变化(MPa)	应力受力位置	压应力敏感度	拉应力敏感度	最大压应力组合及敏感度	最大拉应力组合及敏感度
前沿浚深及回淤量	ΔM_Z (N·m)	32858	−1.58	负面	−1.54	1.76	组合 33(撞)3;−13.93	组合 33(撞)3;12.85
			1358	正面				
	ΔM_X (N·m)	−1356	−0.07	正面				
			0.07	负面				
	ΔF_Y(N)	24249	0.11	全				
撞击力	ΔM_Z (N·m)	90077	−4.33	负面	−9.59	7.85		
			4.33	正面				
	ΔM_X (N·m)	−91454	−4.39	正面				
			4.39	负面				
	ΔF_Y(N)	−192852	−0.87	全				
后承台及后方堆场荷载	ΔM_Z (N·m)	56556	−2.71	负面	−2.8	3.24		
			2.71	正面				
	ΔM_X (N·m)	−6493	−0.31	正面				
			0.31	负面				
	ΔF_Y(N)	48008	0.22	全				

由表6-30可知：撞击力（水平力）对正截面最大拉应力和最大压应力的敏感度最大，其次是后承台及后方堆场荷载，最小的是码头前沿水深及回淤量；并且码头前沿水深及回淤量、撞击力、后承台及后方堆场荷载由0变化到最值的过程当中其由 M_Z 产生的截面最大受压位置相同（负面）、受拉位置相同（正面），并且由 M_X 产生的截面最大受压位置相同（正面）、受拉位置相同（负面），所以截面压应力、拉应力最大的变化率为各参量压应力变化率之和，所以，截面最大拉应力、压应力变化率发生在工况组合33（撞）3下，且值为各参量全部拉应力变化率之和；并且由向岸斜桩基准表格可知，仅重力作用下由 M_Z 产生的受压、受拉应力面以及 M_X 产生的受压、受拉应力面与撞击力作用下相同，所以撞击力（水平力）作用下截面的最大拉应力和最大压应力（即最不利）应等于在工况组合33（撞）3下的变化率与基准数值之和，在这种工况下，向岸斜桩为最不利受力工况。

另外，根据上述表格可知，若水平力为系缆力，系缆力产生的最大压应力变化率将与码头前沿水深及回淤量和后承台及后方堆场荷载产生的变化率相反，系缆力产生的变化率的绝对值也低于撞击力，并且由表6-30可知，仅重力作用下由 M_Z 产生的受压、受拉应力面以及 M_X 产生的受压、受拉应力面与系缆力作用下相反，所以在系缆力作用下产生的截面最大压应力和最大拉应力肯定小于在工况组合33（撞）3作用下的拉应力和压应力，此处就不再采用表格罗列其值。

综上可知，向海斜桩最不利受力工况为在撞击力作用下的13（撞）3工况组合；向岸斜桩的最不利受力为在撞击力作用下的33（撞）3工况组合。

（3）敏感度百分比

通过对上节中各外荷载对截面不利受力的总结，得到最不利工况中的各外荷载对其不利受力的敏感度，见表6-31；对叉桩不利受力影响最大的是撞击力（占61%以上），其次是后承台及后方堆场荷载，最后是前沿浚深及岸坡回淤量。

敏感度系数 表6-31

桩名	最不利工况	应力状况	敏感度			敏感度百分比（%）		
			*A*因素	*B*因素	*C*因素	*A*因素	*B*因素	*C*因素
向岸斜桩	33（撞）3	压应力	1.54	9.59	2.80	11.06	68.84	20.10
		拉应力	1.76	7.85	3.24	13.70	61.09	25.21
向海斜桩	13（撞）3	压应力	0.00	4.37	1.27	0.00	77.48	22.52
		拉应力	0.00	5.43	0.95	0.00	85.11	14.89

6.3.4　结论

以天津港22~24段高桩码头为工程实例，采用数值计算得到各工况下叉桩桩顶的受力值，并结合敏感度对其破损受力进行分析，从而找到叉桩受力的最不利工况组合，并得出以下结论：

(1)引起高桩码头前承台叉桩桩顶断裂的主要原因是在外荷载作用下叉桩桩顶受到过大的弯矩，引起叉桩出现大偏心受压情况而破坏。因此，建议设计规范增加叉桩在外力作用下的弯矩计算及抗弯承载力验算。

(2)引起叉桩产生拉压应力的最敏感因数是水平力(撞击力或系缆力)，其次是后承台及后方堆场荷载，最后是前沿浚深及岸坡回淤量。并且，在撞击力作用下的33(撞)3工况组合下，向岸斜桩会出现最不利受力；在撞击力作用下的13(撞)3工况组合下，向海斜桩会出现最不利受力。

(3)既然探寻到了叉桩受力的最不利组合工况，则应该根据实际结果对码头作业进行科学指导，避免最不利工况组合的出现，防止对码头叉桩造成破坏。

6.4　叉桩加固维修方案

叉桩是高桩码头用来抵抗水平作用力的重要构件，叉桩的破损会给船舶的正常停靠带来很大的影响，成为码头安全作业的隐患；并由前面的分析可知，叉桩的断裂增大了其他排架桩体断桩的概率；所以为了保证码头的安全作业及造成较少的经济损失亟须对叉桩进行修复加固处理。

6.4.1　修复加固思路

影响叉桩破损的主要受力因素是水平力(船舶撞击力、系缆力)，其次是后承台及码头后方堆场竖向荷载，最后是码头前沿浚深及回淤量；由于码头前沿浚深及回淤量对叉桩受力影响较其他两个因素甚微，且对其进行改变来减小叉桩受力不符合经济性、施工可行性及合理性等要素，因此主要从水平力(船舶撞击力、系缆力)和后承台及码头后方堆场的竖向荷载两因素入手，并结合结构加固手段进行分析研究。

1)减小水平力措施

作用于码头的水平力包括船舶撞击力、系缆力、船舶挤靠力等，这些作用力通过上部结构传递到桩基。能够减小上述水平力的方法有增设钢管靠船桩法、更换护舷法、增打斜桩法及科学的靠船方法和管理。

(1)增设钢管靠船桩法

由于断桩均为斜桩,使码头水平承载力下降,但直桩基本完好,故对其垂直承载力影响甚微。所以在码头前沿打一排钢管靠船桩作为系靠船设备,直接将原作用于上部结构的船舶荷载通过钢管靠船桩传递至土层深处,将原码头变为后方桩台,使其不再承受船舶作用下的水平力,进而使码头桩基承受的水平力急剧减小,并可不对破损桩基进行维修。

此方案的特点是:①码头平面尺度改变,船舶靠泊时船舶与原码头线距离加大,对人员上下和物资补给稍有影响;②钢管靠船桩的存在使原码头前沿水域尺寸缩小以及对原回转水域造成影响,码头的靠泊能力有必要进行论证;③需要大型施工机械;④施工期间会严重影响码头的正常作业或使码头处于停业状态;⑤钢材用量多,且原橡胶护舷不能继续使用,维修费用相对较高。

(2)增打叉桩法

高桩码头的叉桩是用来抵抗码头水平力荷载的重要构件,桩体的倾斜布置能使码头承受的水平力转换为叉桩的轴向力,并通过叉桩传到土体,进而使码头在水平力作用下产生很小的水平位移。由前面的分析可以得到:叉桩破损的主要原因是在较大的水平力作用下产生较大的弯矩,增打叉桩可以有效地分配原叉桩的受力,进而使叉桩结构处于安全状态。增打斜桩就是在排架桩帽附近打入斜桩,然后通过现浇的手段加大桩帽将补桩与排架连成整体。

在现在的施工设备及技术条件下,虽然直桩的补打及灌注施工工艺已经完善,但是在国内还没有在役码头预制桩的斜打技术和施工工艺(日本有),以及灌注斜桩的成桩工艺及技术;考虑到引进斜打技术的昂贵性,由此限制了本方法的使用。

(3)更换护舷法

除事故荷载外,船舶作用于码头上部结构的荷载都是通过护舷传递的;护舷的类型很多,其受力特性也多种多样。护舷的选取是通过计算得到船舶的最大有效撞击能量,然后根据护舷在最大压缩变形 50% 下的吸能配置的。为了减小码头受到的撞击力,就应该选择低反力型护舷;圆筒型橡胶护舷 TD-Cϕ1200×1000Lmm 标准型(现役护舷)与 TD-Cϕ1200×1000Lmm 高反力型比较可知:在吸收相同能量(97.2kN · m)时,高反力护舷的反力为 400kN,低反力护舷为 375kN。从护舷的力学性能曲线可以看出:有些类型的护舷反力随护舷变形的增加(从 0 变形到最大允许变形)呈现出递增的趋势,如圆筒型橡胶护舷 TD-Cϕ1200×1000Lmm 标准型(现役护舷),其性能曲线见图 6-4;有些类型的护舷当压缩到 20% 以后,压缩量增大而反力却基本不会变化,如鼓型橡胶护舷 TD-A800H 标准型,其性能曲线见图 6-5。

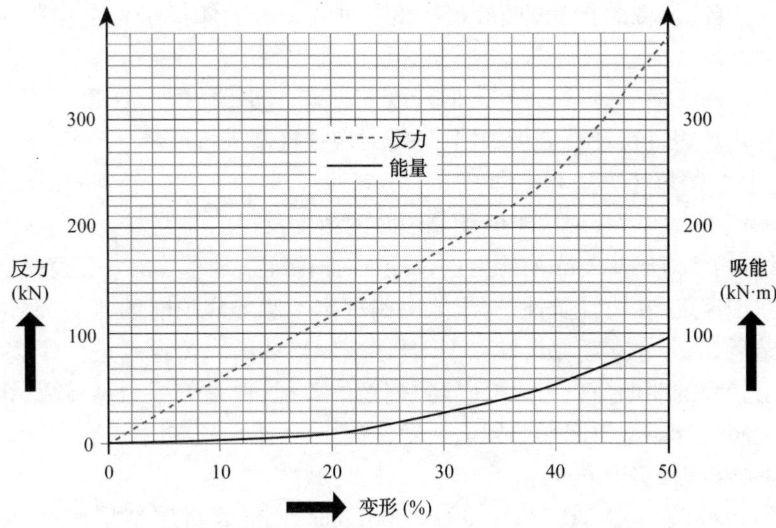

图 6-4　TD-Cϕ1200×1000Lmm 圆筒型护舷性能曲线

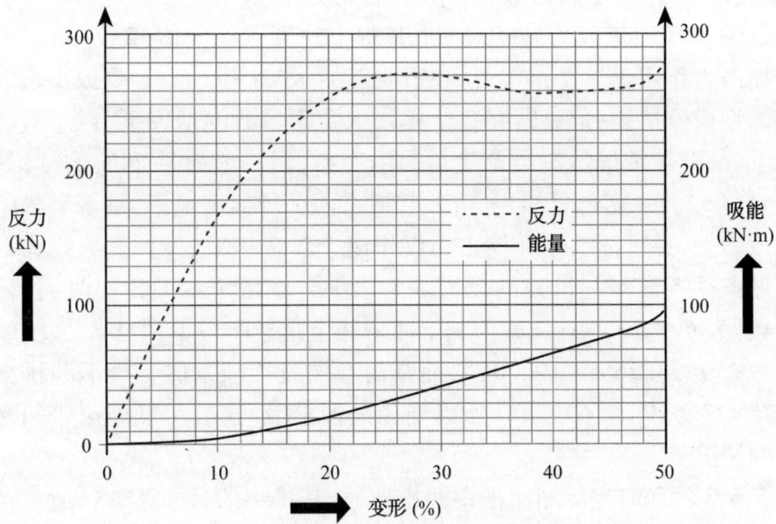

图 6-5　TD-A800H 鼓型护舷性能曲线

由图 6-4 和图 6-5，圆筒型橡胶护舷 TD-Cϕ1200×1000Lmm 标准型在 50% 变形时的吸能量为 97.2kN · m，鼓型橡胶护舷 TD-A800H 标准型在 52.5% 变形时的吸能量为 98kN · m，两者在达到最大变形时的吸能量是相近的;但是圆筒型橡胶护舷的最大反力为375kN,而鼓型护舷的最大反力仅为280kN(为圆筒形橡胶护舷的74.6%),进而减小了船舶撞击单个橡胶护舷下的撞击力。

本方法施工简单、可行、经济,但是该方法减小的船舶撞击力较小,对本工程的有效作用还得进行计算分析,并且仍需对破损桩基进行维修。

(4)科学的靠船方法和管理

船舶撞击力的大小取决于船舶靠泊时的速度及护舷的类型。在码头升级改造中,常常需要对码头的靠泊能力进行论证,而论证中最重要的一项就是制定新的船舶靠泊速度;在设计条件下,规范明确规定了船舶靠泊时的速度,但是码头升级改造后,需要停靠超原设计船型,若还按照以前的靠泊速度进行停靠,则码头将承受较大的船舶撞击力,进而导致桩基的破损,但是如果通过计算,合理地制定出在超设计船型下船舶的靠泊速度,将会减小船舶的靠泊能量,进而减小码头承受的撞击力,实现安全靠泊。

圆筒型橡胶护舷 TD-Cϕ1200×1000Lmm 标准型和鼓型橡胶护舷 TD-A800H 标准型两者在达到最大变形时的吸能量是相近的,圆筒型橡胶护舷的最大反力(375kN)大于鼓型橡胶护舷的最大反力(280kN);但是鼓型橡胶护舷在变形达到20%时其反力(250kN)也基本上达到了最大值(280kN)。所以当仅考虑撞击力作用于单个排架时,在吸收总能98kN·m条件下,鼓型橡胶护舷优于圆筒型橡胶护舷;但是若在2个排架承受撞击力的情况下,在总吸能不变的情况下,鼓型护舷虽然不会产生最大的变形,但一般超过20%的变形量,其作用反力与52.5%变形量相当,造成在撞击两个排架情况下,最不利排架的反力将大大增加,并可能大于在撞击力仅作用于单个排架时,护舷形式为圆筒型橡胶护舷条件下最不利排架的反力。由水平力作用于不同排架时,各排架的分配系数(表6-32)可知:鼓型护舷下撞击两个排架时最不利排架反力为250×43.53%+250×33.26%=192.0kN,而圆筒型橡胶护舷条件下最不利排架的反力为:375×43.53%=163.2kN,所以当为鼓型护舷时,应尽量避免船舶撞击两个排架的情况。

由表6-32可知:当船舶撞击中间排架时,其排架的分配系数较撞击结构段外侧排架要小得多,故应尽量使船舶靠泊撞击点在中间排架。为了减小撞击力对桩基的损坏,应该根据该码头的护舷形式选择合适的靠船速度和靠船撞击位置以及撞击角度。本方法需要良好的靠泊方法进行依托,故应对靠泊方法及技术进行研究得到较好的控制船舶靠泊速度的方法,并结合科学的管理制度指导靠泊。

排架分配系数　　表6-32

作用力位置	排架分配	排架1	排架2	排架3	排架4	排架5	排架6	排架7	排架8	排架9
排架1	系数(%)	43.53	33.26	23.69	15.39	8.25	2.04	-3.54	-8.80	-11.82
排架2	系数(%)	34.73	29.05	21.77	15.54	9.86	5.12	0.10	-3.64	-7.37
排架3	系数(%)	24.94	23.14	20.76	16.45	11.89	7.78	4.22	0.18	-2.53
排架4	系数(%)	16.15	16.28	16.84	16.09	14.24	10.66	7.26	4.81	1.55
排架5	系数(%)	9.05	10.91	12.68	15.36	15.73	14.35	11.28	8.90	6.49
排架6	系数(%)	3.59	5.91	9.55	12.47	15.16	16.43	15.54	14.07	13.67
排架7	系数(%)	-1.28	2.57	5.64	9.27	13.27	16.89	19.36	20.25	21.22
排架8	系数(%)	-6.10	-2.31	1.81	6.17	10.60	15.95	21.12	27.02	30.25
排架9	系数(%)	-10.07	-5.80	-1.02	3.15	8.52	14.89	23.02	31.98	40.62

2)减小后承台及后方堆场在荷载下土体的变形措施

后承台及后方堆场在竖向荷载作用下使土体受到附加应力,并通过土体的传递对岸坡造成向海方向的位移和一定的竖向位移。本码头后承台的设立,使承台受到的竖向荷载通过桩基传到了土层深处,在竖向荷载下承台区域岸坡的沉降得到较大程度的降低,后承台的设立加大了后方堆场到前承台的距离,使前承台基桩受后方堆场竖向荷载的影响降低,特别使前承台向岸斜桩在后方堆场竖向荷载作用下产生负摩擦阻力的可能性降低了;码头的挡土结构是抛石+胸墙的挡土结构,对岸坡土体向海方向移动有一定的减少作用。但是由前面的计算可知,在后承台及后方堆场5kN/m^2 的均布荷载下,前承台向岸斜桩区域的土体向海方向移动了25mm,竖向位移为10.5mm;这将对叉桩的受力产生很大的影响。所以应采取措施减小后方堆场在荷载作用下对岸坡变形的影响。常用于减小土体变位的方法有:改善墙后土体性能法、设地下连续墙法、增设钢板桩法等。

(1)改善墙后土体性能法

采用各种地基处理方法,如施打沙井、CDM等,提高墙后土体 C、φ 等性能指标,使土压力和附加土压力尽量传递到深层地基上,从而改善挡土结构的受力情况。与低桩承台等相比较,该方法造价低,但效果要差。该加固方法主要用于新建码头,不适用于本工程。

(2)地下连续墙法

在钢板桩锈蚀破损部位的挡土结构后方,增设施工钢筋混凝土地下连续墙,代替原胸墙的挡土作用。该方法的不足是施工时需要局部支护,形成工作面。

(3)施打钢板桩法

增设钢板桩法的原理和作用,与增设地下连续墙法相同,只是将钢筋混凝土地连墙改为钢板桩,另外要考虑上部帽梁的设置和处理等问题。

影响叉桩破损的主要因素是船舶撞击力和系缆力,后方承台及堆场的竖向荷载是一个次要因素,其加固效果欠佳,有待进一步计算确定,并且仍需对破损叉桩进行维修;上述方法的施工难度、工程量及经济消耗都较大。

3)混凝土构件补强方法

由前面的分析可以可知:高桩码头在使用过程中,由于较大的水平力、后承台及后方堆场竖向荷载及港池浚深和回淤等的作用使叉桩承受较大的弯矩造成了叉桩桩体的开裂情况,由荷载引起的危险裂缝如果没有正确选择处理方法,将危及码头的使用和结构的安全。工程实践表明:各种超静定结构系统,其主要由荷载引起裂缝,视其部位及危害程度控制最大允许宽度 0.4 ~ 0.5mm,称为"荷载裂缝控制",宽度大于 0.5mm 的裂缝,宜进行加固处理,对于处于恶劣环境中的海工构件,处于耐久性的考虑其裂缝控制应为 0.15 ~ 0.25mm。

结构加固补强方法的主要目的是提高结构和构件的强度、刚度、稳定性和耐久性,现阶段对混凝土构件进行补强的方法有直接加固法和间接加固法两种。直接加固法有:加大截面法、粘贴钢板加固法、粘贴碳纤维结构加固法、置换混凝土加固法等;间接加固法有:预应力加固法、改变结构受力体系加固法、增加结构整体性加固法和改变刚度比值加固法等。各种加固方法在第 4.3 节及 4.4 节已详细介绍,在此不再详述。

6.4.2 修复加固方案

仅在撞击力作用下,叉桩桩顶受到的弯矩仍能使叉桩产生较大的裂缝,所以改善后方土体及受力性能的方法只能作为一个辅助性方案。

高桩码头是一个超静定的大系统结构,再加上桩土受力的非线性,使得叉桩加固前后受力状态可能产生较大的改变。根据有限元分析得到向海斜桩在最不利工况 13(撞)3 组合下的正截面弯矩(图 6-6)和向岸斜桩在最不利工况 33(撞)3 组合下的正截面弯矩(图 6-7);桩体在承受双向弯矩时,如果截面为正方形,则其产生的最大应力应为两弯矩绝对值之和与抗弯模量的比值,在最不利工况下向海斜桩和向岸斜桩的 M_X、M_Z 的绝对值最大值出现在桩顶,检测结果也显示叉桩破损出现在桩顶附近,结论相互符合;且其绝对值从桩顶到泥面高程内都有减小的趋势,故其两弯矩绝对值之和有下降的趋势。

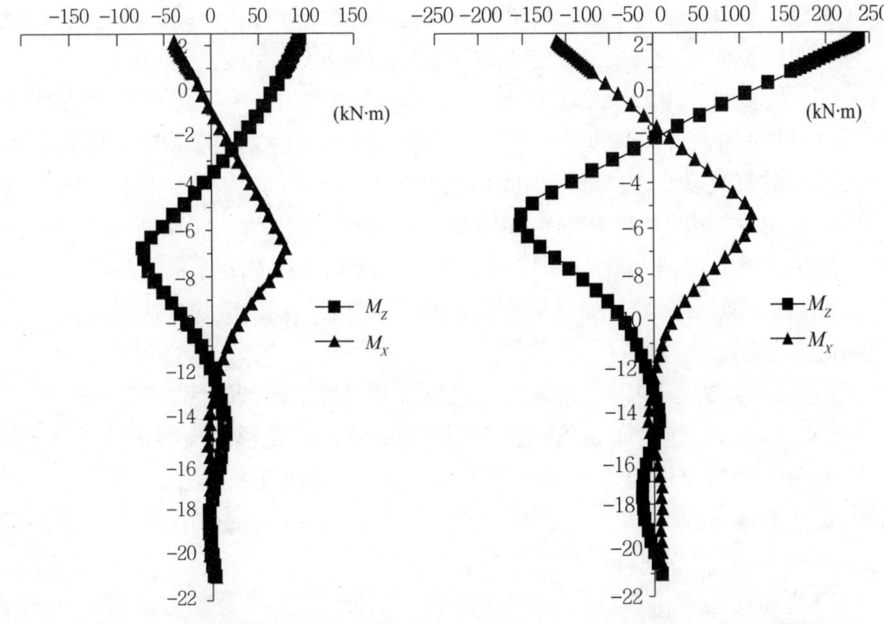

图 6-6　工况 13(撞)3 下向海斜桩弯矩图　　图 6-7　工况 33(撞)3 下向岸斜桩弯矩图

所以根据工程特点、预测加固效果和施工可行性等，试探性地提出加大桩帽加固法、局部外包法两种方法。加固方案工艺、适应状况及其优缺点说明如下。

1) 加大桩帽法

通过对天津港 22 ~ 24 段的多次调查可知：向海斜桩和向岸斜桩的断裂都在距桩帽底部 50cm 范围以内，并且由图 6-6 和图 6-7 可知：叉桩的弯矩从桩顶到泥面区域有减小的趋势，所以如果对桩帽进行加大，将叉桩破损部位包裹在桩帽中，并向下延伸一定的安全距离，不仅使叉桩原破损部位得到了修复，而且可能使受力恶劣区域包裹到桩帽中而安全，由此提出叉桩加固的加大桩帽法方案，并进行分析研究。加大桩帽法的三维示意见图 6-8。

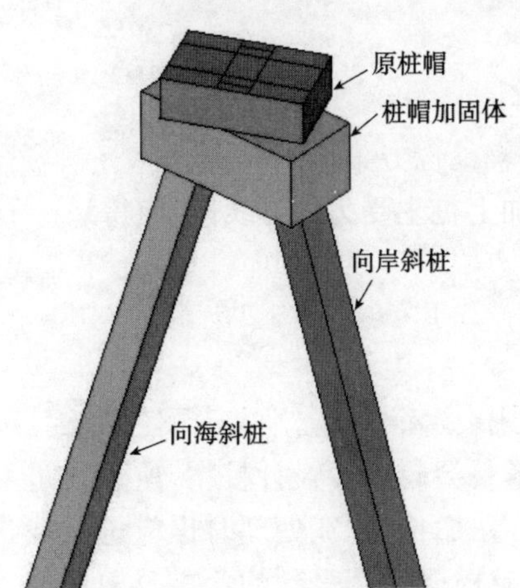

图 6-8　加大桩帽法的三维示意图

加大桩帽法具体内容及要点如下：

(1) 当发现叉桩断裂或出现裂缝后，应立即运用裂缝灌浆处理，即采用低黏度、高抗拉强度灌浆材料，通过压力灌浆(0.2 ~ 0.4MPa)

注入混凝土构件的裂缝、空洞中，扩散、胶凝、固化，达到黏结、键合的目的，由此阻止海水通过裂缝对钢筋混凝土造成侵蚀，恢复其耐久性保障。

（2）原设计桩帽的长度方向是垂直于码头岸线的，为了避免桩帽加大体过大，所以桩帽加大体的长度方向应与两叉桩中心的连线方向保持一致及在水平方向沿顺时针旋转22°。桩帽加固体的宽度取0.9m；加固高度根据有限元计算分析后确定；桩帽的长度在确定加固高度后，根据叉桩两新桩顶外边线中点连线的距离加上0.6m（即桩帽加固体边缘距桩边缘0.3m）确定。

（3）为了使原桩帽与加固桩帽体能很好地黏结在一起，加强整体性，应在原桩帽底部栽锚筋。

（4）加固区域处于水位变动区，空间狭小，支模过程复杂，须注意保证施工质量。

（5）因对桩帽进行了加大，使其叉桩与新桩帽底高程的交接面成为新桩顶，所以桩帽的配筋应根据计算的结果进行配置，而且由于打桩偏差以及加固高度等因素的影响，使叉桩桩顶之间的间距不尽相同，由此钢筋的配置和尺寸的确定比较烦琐，而且需要现场进行逐一的测量。

2）局部外包法

通过对天津港22～24段的多次调查可知：向岸斜桩的断桩数量明显高于向海斜桩的断裂数量，并且由前面的分析可以知道，在向岸斜桩完好的情况下，向海斜桩在最不利工况下不会发生破损；所以如果采取加大桩帽法可能造成材料上的浪费和工程的扩大化（如：完好的向海斜桩不需做加固处理）。叉桩的弯矩从桩顶到泥面区域有减小的趋势，如果仅对破损的桩体进行局部外包（包括有破损情况的向海斜桩），加大其受弯比较大的区域的截面尺寸，可以减小其受到的拉、压应力并保证结构的安全，所以试探性地提出局部外包混凝土法进行分析研究。局部外包法的三维示意见图6-9。

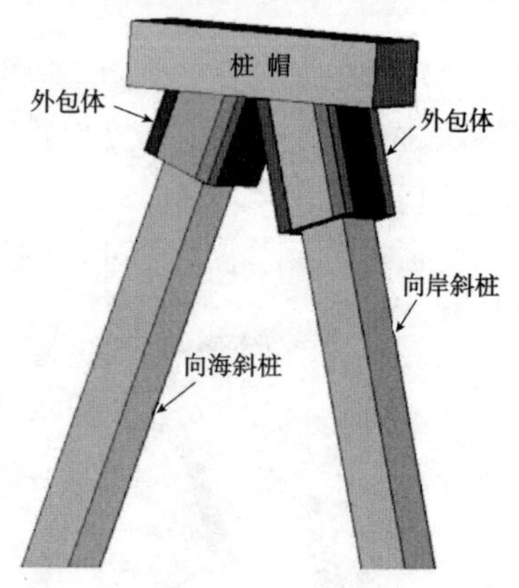

图6-9　局部外包法三维示意图

局部外包法具体内容及要点如下：

（1）当发现叉桩断裂或出现裂缝后，应立即运用裂缝灌浆处理，保证其耐久性。

（2）由于在对桩体进行外包后，桩体的边缘就会超过原设计桩帽，所以在进行外包前应对原设计桩帽进行加长、加宽处理，在加长、加宽处理时也应进行栽筋来增强其整体性，外包桩体部分的配筋情况应根据计算得到的弯矩及剪切值进行规范配筋。

(3)桩体外包方向应顺着原桩体轴线方向。

(4)加固区域处于水位变动区,空间狭小,支模过程复杂,须注意水位变动区施工要领,确保施工质量。

6.4.3　叉桩加固方案的有限元分析

高桩码头叉桩受力复杂,使得叉桩加固前后受力状态可能产生较大的改变。通过有限元数值分析计算,对加大桩帽法及局部外包法的加固效果进行计算和分析。

1)加大桩帽法有限元分析

考虑到叉桩的破损区域均在距桩帽底0.5m范围之内,通过加大桩帽法能使桩体破损区域被加固体包裹成为新桩帽的一部分而分散破损区域受力,而且使新桩顶的高程降低。图6-10为加大桩帽法模型整体图,图6-11为加固方案模型断面图,图6-12、图6-13分别为加固整体图及局部图。上述图中桩帽加大高度均为1m。

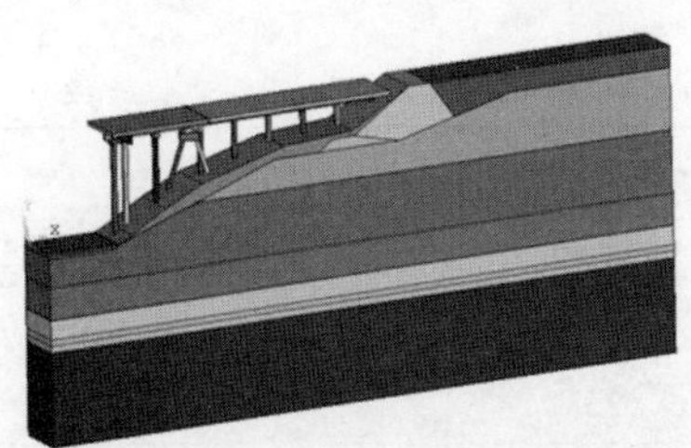

图6-10　加大桩帽法模型整体图

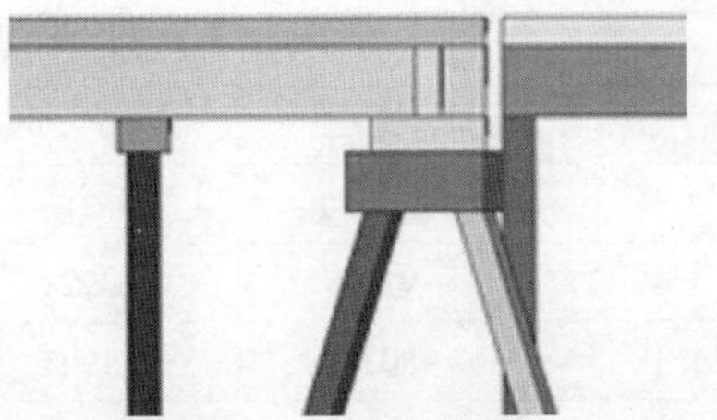

图6-11　加大桩帽法局部断面图

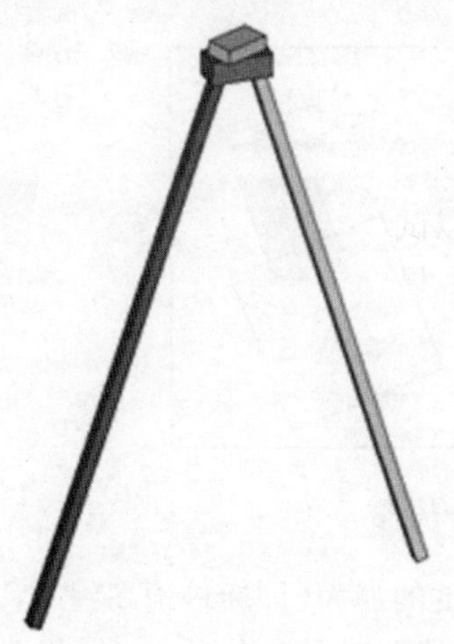

图6-12　加固整体图

图6-13　加固局部图

(1)加大桩帽后桩体受力分析

为了弄清新桩顶在不同加大桩帽高度下的受力情况,分别对加大桩帽高度为0.6m、1m、2m、4m时在向岸斜桩最不利工况33(撞)3下高桩码头的受力情况进行了数值仿真计算,得到新桩顶的受力情况(表6-33、表6-34),其中桩体受力坐标图见图6-14,弯矩的正方向是指使坐标轴正方向的面受拉的弯矩方向。

向岸斜桩新桩顶受力 表6-33

加固高度(m)	桩顶正截面高程(m)	M_X(N·m)	M_Z(N·m)	F_X(N)	F_Y(N)	F_Z(N)
0	2.18	-109811	236213	73131	-348718	-37431
0.6	1.58	-104162	250042	84277	-349725	-37480
1	1.18	-102427	255548	89490	-361178	-38475
2	0.18	-97571	263673	104105	-405867	-40456
4	-1.82	-79031	239728	138424	-489368	-42204

未加大桩帽前向岸斜桩不同高程的受力 表6-34

正截面高程(m)	M_X(N·m)	M_Z(N·m)	F_X(N)	F_Y(N)	F_Z(N)
2.18	-109811	236213	73131	-348718	-37431
1.58	-92758	204928	61936	-337320	-31096
1.18	-80388	181905	62237	-338636	-30682
0.18	-49709	124464	61625	-341290	-31204
-1.82	11998	14512	59337	-350089	-31677

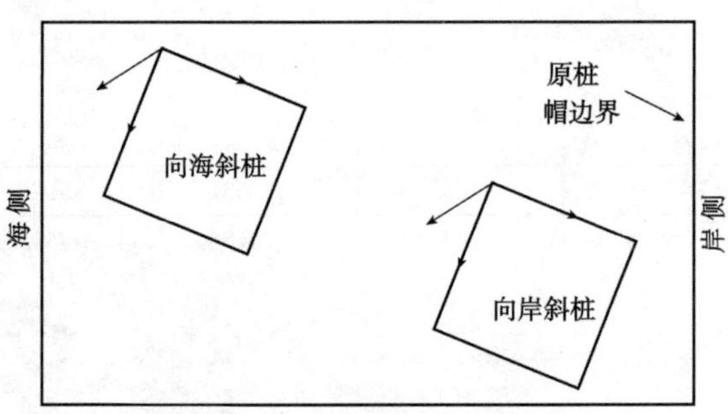

图6-14 桩体受力坐标

由表6-33和表6-34可知:随着桩帽高度的加大(即新桩顶高程下移),向岸斜桩新桩顶的M_X的绝对值有减小的趋势,但趋势不是很明显;M_Z没有出现较大的变化;F_X呈现出增大的趋势;F_Y逐渐减小(压力越来越大);F_Z减小(朝着负方向增大发展)。叉桩破损是由于在弯矩作用下发生的受拉受压破损,虽随着桩帽的高度加大,F_Y 逐渐减小(对受拉有利、受压不利),但是其对正截面应力的改变量较小,再加上其弯矩 M_X、M_Z 的绝对值即使加固到4m,都没有明显的减少(较原桩顶少了27265N·m,减少了7.9%),所以可知加大桩帽法对向岸斜桩的加固并没有明显的效果,只能起到修复的作用,并且还加大了桩体受到的剪切力,但仍远远小于原桩体的极限抗剪强度(392136N)。

由表6-35和表6-36可知,随着桩帽高度的加大(即新桩顶高程下移),向海斜桩桩顶的 M_X 变化趋势不明显,且变化较小;加固到4m时,M_Z 较其他加固高度有所减小,而其他数值没有较大的变化;F_X 呈现出减小的趋势(朝负方向增大发展);F_Y 逐渐减小(压力越来越大);F_Z 变化较小。由前面可知,向海斜桩在向岸斜桩完好的情况下不会发生破损,所以向海斜桩只要进行修复即可,随着桩帽加固体高度的变化,桩顶的弯矩并没有朝着使桩体受力不利的方向发展,并且 F_Y 对其正应力的影响也较小,其剪切力越来越大,并快速地接近抗剪强度(加固到4m时暂还能满足剪切力要求),所以外包高度不宜过大。

向海斜桩新桩顶受力表　　表6-35

加固高度(m)	桩顶正截面高程(m)	M_X(N·m)	M_Z(N·m)	F_X(N)	F_Y(N)	F_Z(N)
0	2.18	-42326	82683	-113031	-173961	-15901
0.6	1.58	-44431	89142	-134423	-210916	-15732
1	1.18	-43623	89192	-147482	-231314	-15683
2	0.18	-41824	83200	-191149	-295315	-15841
4	-1.82	-39309	76107	-282857	-414946	-16337

未加大桩帽前向海斜桩不同高程的受力　　表6-36

正截面高程(m)	M_X(N·m)	M_Z(N·m)	F_X(N)	F_Y(N)	F_Z(N)
2.18	-42326	82683	-113031	-173961	-15901
1.58	-35504	77344	-120686	-175953	-12048
1.18	-30716	73609	-121110	-178402	-11818
0.18	-18829	62409	-123125	-184065	-11837
-1.82	5063	34325	-127179	-195667	-11769

由表6-33~表6-36对比可知:在未加大桩帽前,叉桩正截面在相应高程的受力状况均优于通过加大桩帽法下新桩顶高程处的受力状况;并且未加大桩帽时,叉桩正截面承受的 M_X、M_Z 的绝对值随高程的降低呈现出了很明显的衰减趋势,但加大桩帽法并没有使新桩顶的弯矩明显减小,只是当加大到4m时,向海

斜桩的 M_Z 才出现减小，且加固到 2m 前（包括 2m），其弯矩值 M_X、M_Z 与未加固前桩顶的弯矩相当，向海斜桩弯矩值也没发生明显变化；所以可以得出结论：在一定范围内实行加大桩帽法加固向海斜桩，向海斜桩桩顶的弯矩值会随着加固体高度的加大往下移（即新桩顶的弯矩与原桩顶弯矩相当）。

（2）加固前后桩体弯矩值特征

由图 6-15 和图 6-16 可知，向岸斜桩在高程为−5.5m 左右（泥面以下 1～2m 范围以内）也会产生绝对值较大的 M_Z 和 M_X 值，并且泥面以下的绝对值最大弯矩位置没有随着桩帽高度的变化产生较大的变化，仍基本保持在泥面以下 1～2m 范围以内；并且随着加固桩帽高度的增加，泥面以下的绝对值最大弯矩的绝对值有减小的趋势（M_X 减小较为明显，M_Z 减小较少）；当桩体在土体高程−13m 以下时，其弯矩基本上没有变化。

由图 6-17 和图 6-18 可知，向海斜桩在高程为−7.5m 左右（泥面以下 1～2m 范围以内）也会产生绝对值较大的 M_Z 和 M_X 值，并且泥面以下的绝对值最大弯矩位置没有随着桩帽加大高度的变化产生较大的变化，仍基本保持在泥面以下 1～2m 范围以内；并且随着加固桩帽高度的增加泥面以下绝对值最大弯矩的绝对值有减小的趋势（M_X 减小较为明显，M_Z 减小较少）；当桩体在土体高程−14m 以下，其弯矩基本上没有变化。

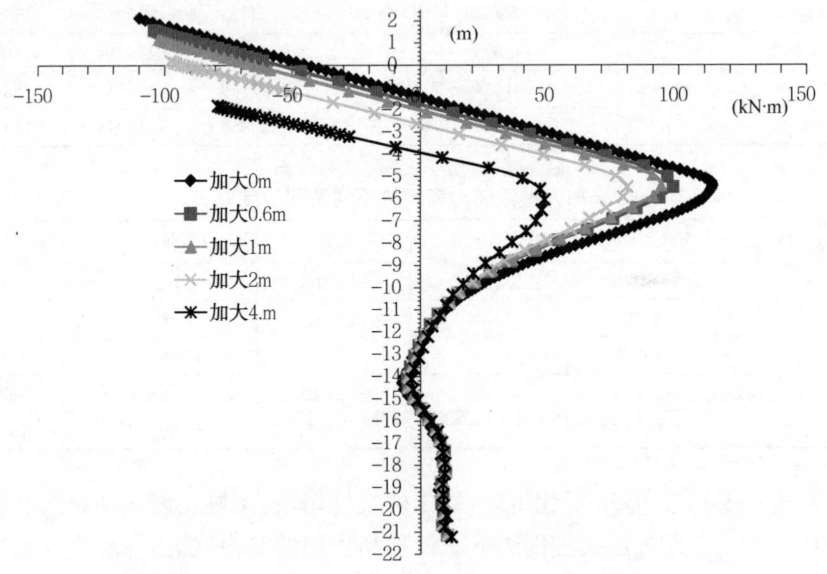

图 6-15　加固前后向岸斜桩 M_X 图

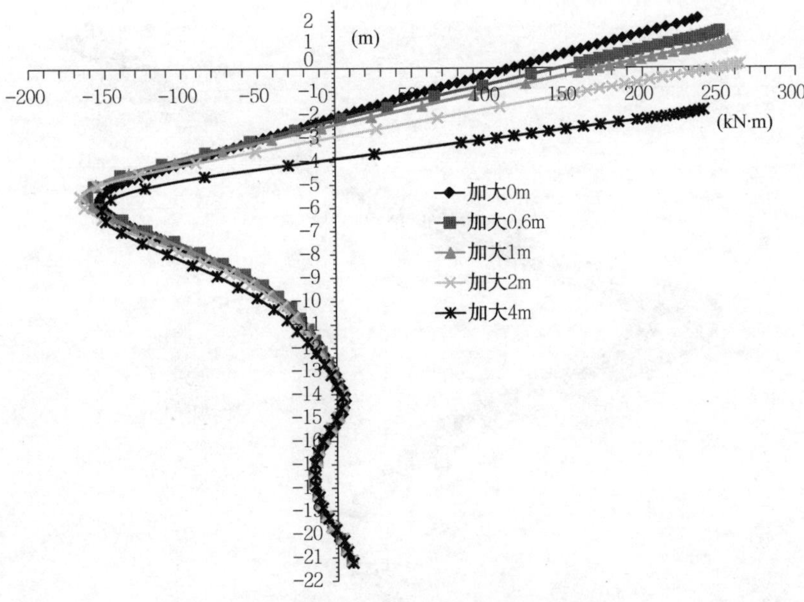

图 6-16　加固前后向岸斜桩 M_Z 图

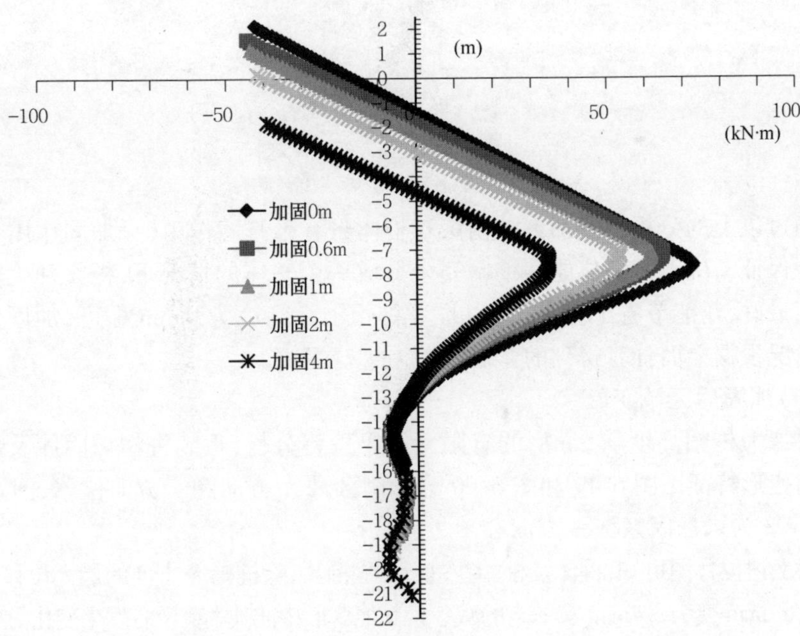

图 6-17　加固前后向海斜桩 M_X 图

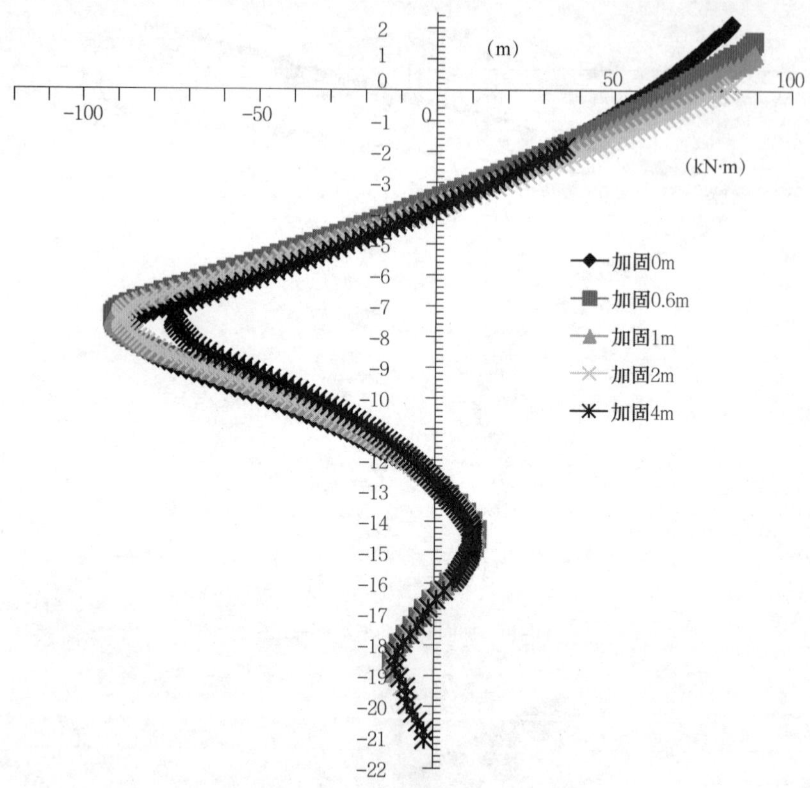

图 6-18　加固前后向海斜桩 M_Z 图

通过以上的分析得到加大桩帽法对桩体只有维修的作用(无加固作用),所以在能保证叉桩破损部位能和桩帽完全形成一个整体的情况下,桩帽加大值取最小值最好,还能节省工程量,所以推荐桩帽加大高度为 0.6m 即可,加固体的配筋情况根据上面计算得到的弯矩及剪力进行配置。

(3)加固后区域变形

对加大桩帽高度 0.6m 后的有限元结果进行分析,得到桩帽加固体及周围区域的变形特征。图 6-19 和图 6-20 为加固区域 X 方向和 Y 方向位移,图 6-21 和图 6-22 为未加固区域 X 方向和 Y 方向位移。

由上述位移图可知,桩体及桩帽在进行加固前后,除桩帽 X 方向的最大位移由加固前的 6.6mm 变为 3.4mm(有一定的减小),其他变形特征基本上没有发生变化。

(4)加固体应力分析

加大桩帽后对加固体的应力进行分析,图 6-23 为加固体第一主应力图,图 6-24 为加固体第三主应力图。

结合第一主应力和第三主应力云图分析加固体的应力可知:第一主应力出现在桩帽底面向岸斜桩的区域并靠近桩帽的边缘(沿长度方向),最大值为 3.2MPa;第三主应力也出现在桩帽底面向岸斜桩区域,其最大值为 4.06MPa。因此在设计时应注意在向岸斜桩和向海斜桩与加固体接触区域进行配筋加强。

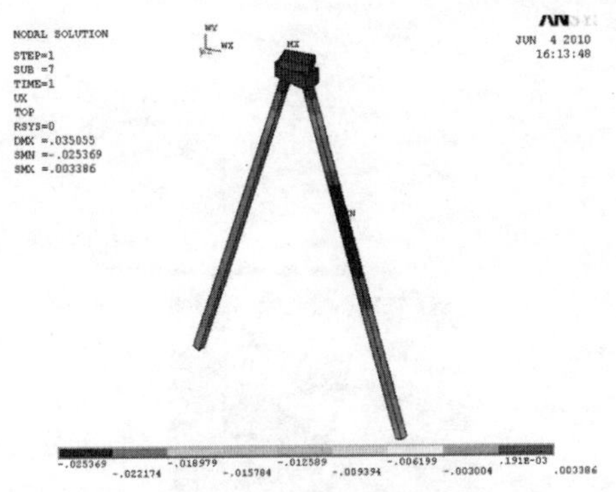

图 6-19　加固区域 X 方向位移

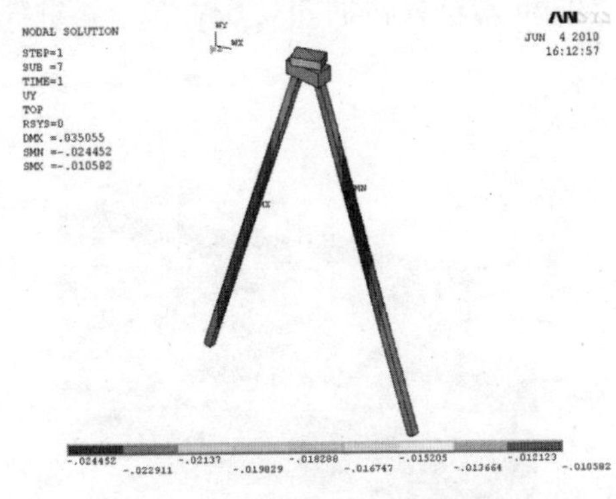

图 6-20　加固区域 Y 方向位移

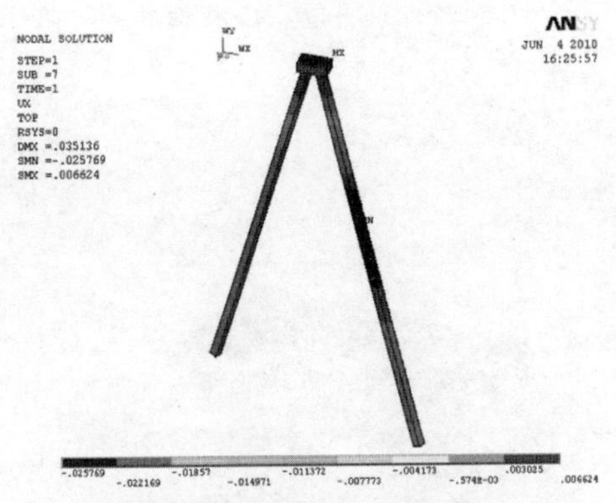

图 6-21　未加固下 X 方向位移

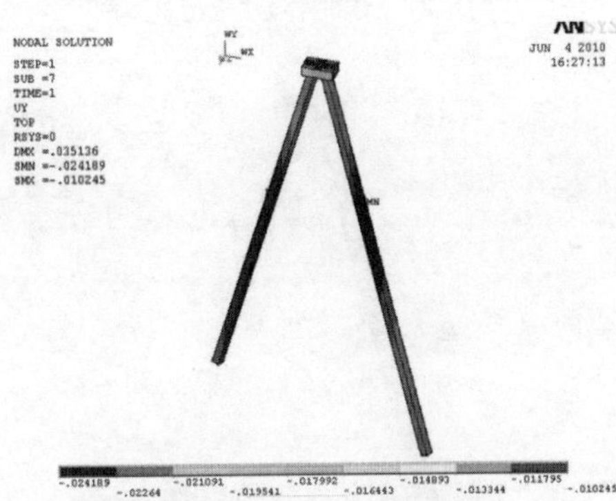

图 6-22　未加固下 Y 方向位移

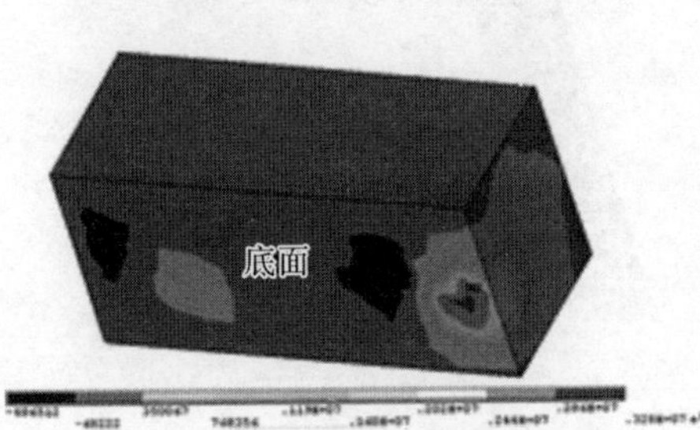

图 6-23　加固体第一主应力图

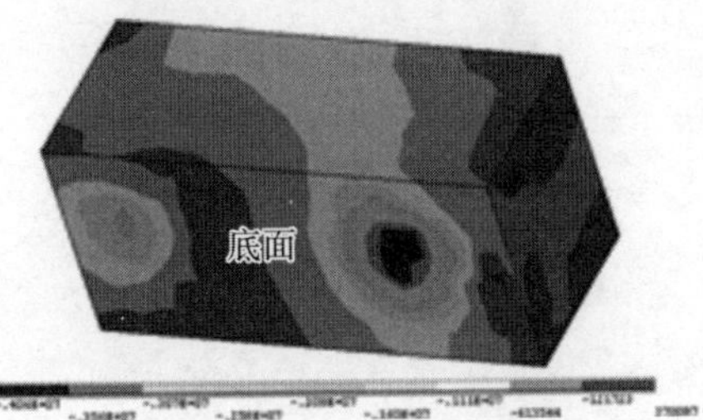

图 6-24　加固体第三主应力图

2)局部外包法有限元分析

叉桩破损是由于受到较大的弯矩而造成的受拉、受压破坏,对其破损部位进行局部外包就可能降低其应力状态,局部外包对于仅向岸斜桩破损的排架,可以只外包向岸斜桩来减少工程量。图 6-25 为局部外包法模型整体图,图 6-26 为加固方案模型断面图,图 6-27 和图 6-28 分别为加固整体图及局部图。以下均为向海斜桩外包加固 0.6m,向岸斜桩外包 1m 下的示意图。

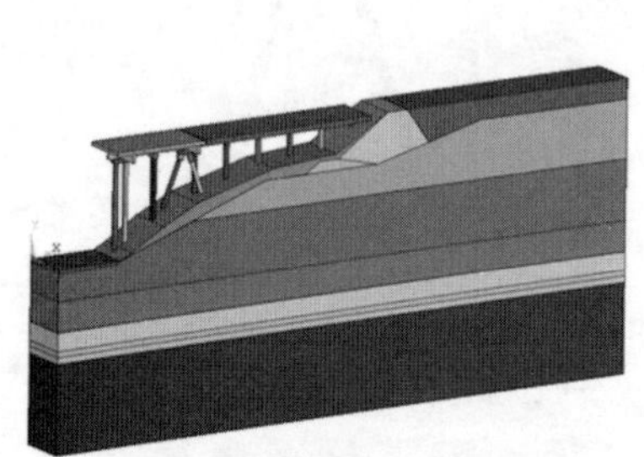

图 6-25 局部外包法模型整体图

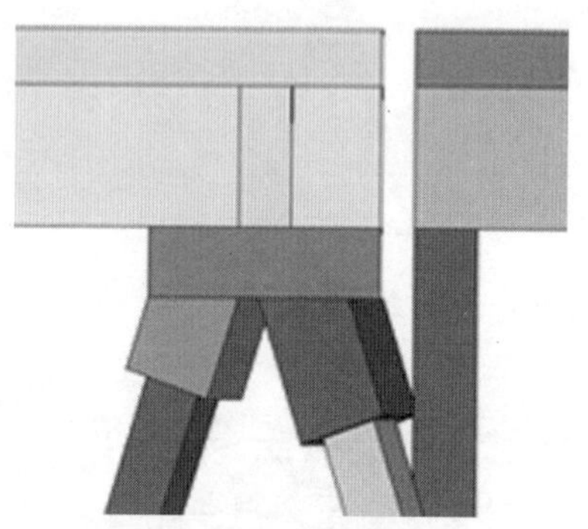

图 6-26 局部外包法局部断面图

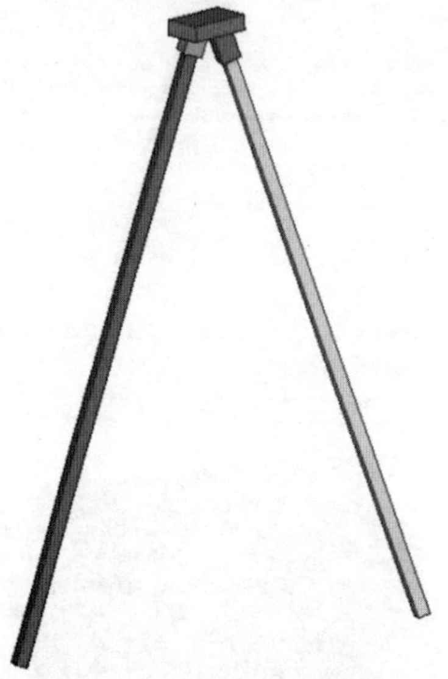

图 6-27 局部外包法加固整体图

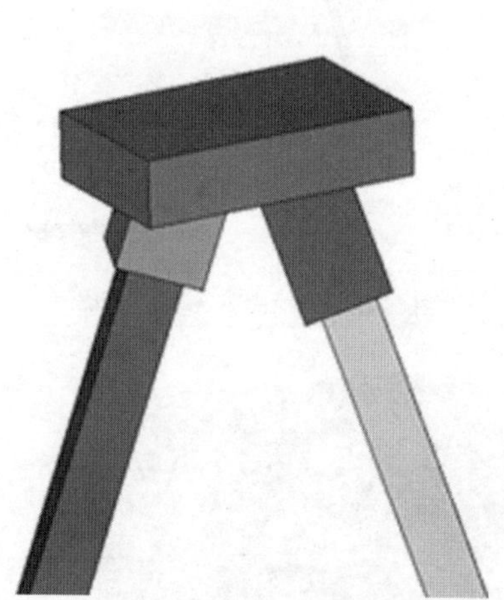

图 6-28 局部外包法加固局部图

(1)局部外包下桩体受力分析

为了弄清桩体在外包不同宽度下的受力情况,分别对向岸斜桩桩体外包后使其宽度分别为0.6m、0.7m、0.8m、0.9m,以及向海斜桩外包宽度为0.8m(原桩体宽度均为0.5m)时,在向岸斜桩最不利工况33(撞)3下高桩码头的受力情况进行了数值仿真计算,并通过处理得到桩体某部位的受力情况,见表6-37和表6-38。

外包不同宽度下向海斜桩桩体受力　表6-37

外包后宽度(m)	正截面高程(m)	M_X(N·m)	M_Z(N·m)	F_X(N)	F_Y(N)	F_Z(N)
0.5、0.5	2.18(桩顶)	-42326	82683	-113031	-173961	-15901
0.8、0.6		-55859	103176	-119842	-200463	-21600
0.8、0.7		-54797	99619	-124078	-206342	-21331
0.8、0.8		-54492	97438	-126861	-210081	-21352
0.8、0.9		-54220	96186	-128654	-212862	-21342
0.5、0.5	1.56(外包结束高程)	-30716	73609	-121110	-178402	-11818
0.8、0.6		-40221	86876	-139093	-209686	-12811
0.8、0.7		-39504	83734	-143842	-215174	-12442
0.8、0.8		-39284	81885	-146859	-218711	-12273
0.8、0.9		-39146	80756	-149027	-221305	-12156

注:外包宽度0.8、0.6表示向海斜桩外包后宽度为0.8m、向岸斜桩外包宽度为0.6m。

外包不同宽度下向岸斜桩桩体受力　表6-38

外包后宽度(m)	正截面高程(m)	M_X(N·m)	M_Z(N·m)	F_X(N)	F_Y(N)	F_Z(N)
0.5、0.5	2.18(桩顶)	-109811	236213	73131	-348718	-37431
0.8、0.6		-121200	288339	111300	-334902	-41177
0.8、0.7		-129959	314415	104685	-333589	-40886
0.8、0.8		-134105	327272	92089	-331074	-37631
0.8、0.9		-136414	333467	91389	-325141	-35533
0.5、0.5	1.16(外包结束高程)	-80388	181905	62237	-338636	-30682
0.8、0.6		-89460	217074	122943	-346527	-52717
0.8、0.7		-96467	235806	146134	-363303	-64863
0.8、0.8		-100243	244455	148320	-386484	-70039
0.8、0.9		-102958	250034	182357	-338378	-74595

由表6-37可知:向岸斜桩外包宽度的加大对向海斜桩在桩顶位置的受力以及在外包结束高程位置的受力情况基本上没有影响。向海斜桩自身外包由

0.5m 加大到 0.8m 后，其桩顶各受力的绝对值都在增大（即朝着不利的方向发展），在外包结束点承受的弯矩与未外包下桩顶的弯矩相近，虽剪切力和轴心压力有一定的变化，但变化还是较小，且其对应力状态影响较小，所以可以认为外包结束点受力是安全的；桩顶的受力虽朝着不利方向发展，但是其外包的截面足以抵抗增加的应力状态，故认为安全。

由表 6-38 可知：随着外包宽度的加大，桩顶及外包结束高程处所承受的弯矩绝对值逐渐增大，桩顶的 F_Y 有较小的增大趋势，桩顶的剪切力 F_X、F_Z 呈现绝对值减小的趋势。外包后桩顶的弯矩及剪切力均朝着不利的方向发展，F_Y 值变化不大；外包后，外包结束高程处的受力较外包前也朝着不利的方向发展。

由上述分析可知，在能保证桩体受力安全的情况下，应尽量采用较小的外包宽度来进行加固；由于桩体破损位置不再能承受外力，并结合水工耐久性及钢筋配置等因素，取外包后桩体宽度为 0.8m。

（2）局部外包的长短与桩体受力规律

通过前面的分析得到外包加固后桩体宽度为 0.8m，为了弄清桩体在外包不同长度下的受力情况，分别对向岸斜桩桩体外包不同长度（0.6m、1.0m、1.5m、2.0m、3.0m、4.0m），向海斜桩外包长度 0.6m 下，向海斜桩和向岸斜桩外包宽度均为 0.8m（原桩体宽度为 0.5m）时，在向岸斜桩最不利工况 33（撞）3 下高桩码头的受力情况进行了数值仿真计算，并通过处理得到桩体关键部位的受力情况，见表 6-39 和表 6-40。

外包不同长度下向海斜桩桩体受力 表 6-39

外包长度（m）	正截面高程（m）	M_X（N·m）	M_Z（N·m）	F_X（N）	F_Y（N）	F_Z（N）
0.0、0.0	2.18（桩顶）	−42326	82683	−113031	−173961	−15901
0.6、0.6		−55502	101683	−121682	−203629	−21491
0.6、1.0		−54492	97438	−126861	−210081	−21352
0.6、1.5		−53353	92031	−133069	−217802	−21191
0.6、2.0		−52490	86459	−139518	−225781	−21102
0.6、3.0		−51334	76097	−151114	−240167	−21023
0.6、4.0		−50632	67702	−160395	−251740	−21056
0.6、0.6	1.58（外包结束高程）	−39979	85543	−141493	−212525	−12683
0.6、1.0		−39284	81885	−146859	−218711	−12273
0.6、1.5		−38530	77217	−153344	−226122	−11767
0.6、2.0		−38012	72419	−160066	−233818	−11297
0.6、3.0		−37417	63478	−172295	−247748	−10494
0.6、4.0		−37116	56218	−182194	−259026	−9880

外包不同长度下向岸斜桩桩体受力　　表6-40

外包长度(m)	正截面高程(m)	M_X(N·m)	M_Z(N·m)	F_X(N)	F_Y(N)	F_Z(N)
0.0、0.0	2.18(桩顶)	-109811	236213	73131	-348718	-37431
0.6、0.6		-124526	295839	90015	-332988	-36629
0.6、1.0		-134105	327272	92089	-331074	-37631
0.6、1.5		-146061	367327	99977	-327941	-39133
0.6、2.0		-158605	410064	107664	-324446	-40792
0.6、3.0		-182317	493039	122522	-318840	-43709
0.6、4.0		-203195	564816	134607	-314649	-46104
0.6、0.6	1.58	-104236	246182	148005	-389178	-72023
0.6、1.0	1.18	-98985	244963	148320	-386484	-70039
0.6、1.5	0.58	-92155	236009	8022	-299978	-9242
0.6、2.0	0.18	-87909	228183	13784	-303766	-11363
0.6、3.0	-0.82	-73786	199296	27683	-309108	-15942
0.6、4.0	-1.82	-53300	142622	88650	-348498	-34439

由表6-39可知：向岸斜桩外包长度的加大使向海斜桩在桩顶及外包结束点位置承受弯矩（M_X、M_Z）的绝对值有减小的趋势，F_X 递减，F_Y 也递减，F_Z 基本上没有出现明显的改变。从减小的幅度和各受力的影响程度及桩体破损原因来看，向岸斜桩外包长度的加大对向海斜桩的安全程度有一定的提高作用。

由表6-40可知：向岸斜桩外包长度的加大使向岸斜桩桩顶弯矩的绝对值有增大的趋势，M_Z 的增长速度特别快，当加大到4m时其增大到了564816N·m，但是桩体宽度加大了1.6倍，其受压区混凝土抗弯能力提高了4.1倍，所以只要注意受拉区的配筋，其加固区的受力是能满足的；向岸斜桩外包长度的加大，使 F_X 增加，F_Z 减小，F_Y 减小，所承受的剪力还在安全的范围之内。向岸斜桩外包长度的加大，使向岸斜桩外包结束点的弯矩有减小的趋势（M_X 及 M_Z 绝对值总和减少了154000N·m），其剪切力 F_X、F_Z 都在安全的范围内变动。

（3）桩体加固前后弯矩值特征

由图6-29和图6-30可知，向岸斜桩在高程为-5.5m左右（泥面以下1~2m范围以内）也会产生绝对值较大的 M_Z 和 M_X 值，并且泥面以下的绝对值最大弯矩位置没有随着桩体加固长度的改变产生较大的变化，仍基本保持在泥面以下1~2m范围以内；随着向岸斜桩外包长度的加大，对泥面下绝对值最大弯矩 M_X 的绝对值有减小的作用；M_Z 变化趋势不明显，且最大差值小于15000N·m；当桩体在土体高程-12m以下时，其弯矩基本上不受外包长度的影响。

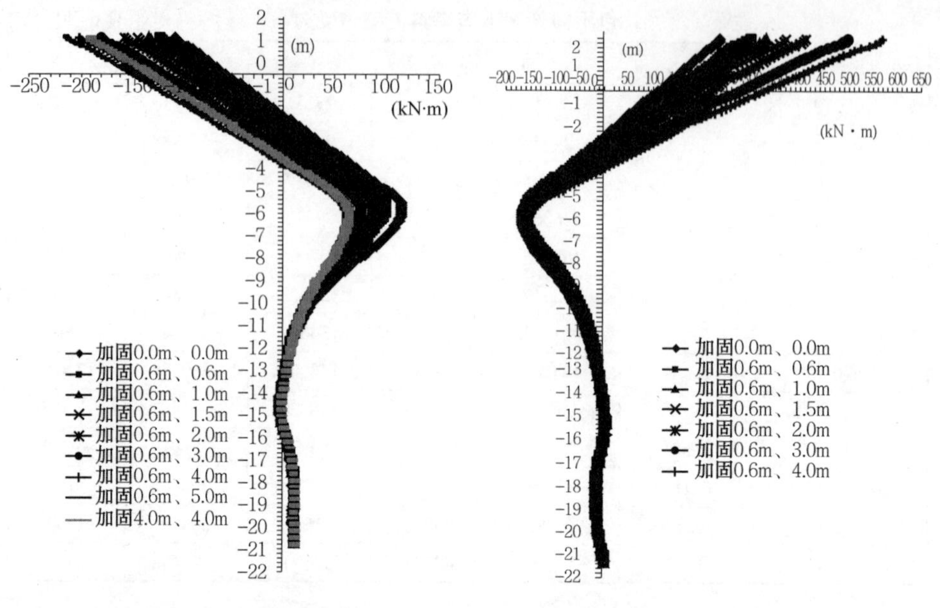

图 6-29　加固前后向岸斜桩 M_X　　　　图 6-30　加固前后向岸斜桩 M_Z 值

由图 6-31 和图 6-32 可知，向海斜桩在高程为-7.5m 左右（泥面以下 1～2m 范围以内）也会产生绝对值较大的 M_Z 和 M_X 值，并且泥面以下的绝对值最大弯矩的位置没有随着桩体加固长度的改变产生较大的变化，仍基本保持在泥面以下 1～2m 范围以内；随着向岸斜桩外包长度的加大，对泥面下绝对值最大弯矩的绝对值有减小的作用（M_X 较明显，M_Z 减小较少）；当桩体在土体高程-14m 以下时，其弯矩基本上不受外包长度的影响。

桩体外包后，由以上的弯矩、剪切力及轴力可知：加固区域的最不利位置是在桩顶，外包长度在一定范围内的加大虽然加大了桩顶的受力状态，但是桩顶经过外包后，边长的加大使截面抗力增大的倍数也较大，且能够根据配筋来增大抵抗力，故可认为安全。

为了保证桩体的安全，还应考虑桩体未加固区域的最不利受力位置（外包结束点、泥面以下弯矩绝对值最大点）。由前面分析可知，向海斜桩在向岸斜桩完好情况下桩顶不会发生破损，并且向海斜桩加固后其受力状态好于未加固前，所以向海斜桩是安全的，只需将已破损的向海斜桩外包最小距离即可，建议为 0.6m。由上面的分析知道：随着外包长度的加大，向岸斜桩外包结束点的受力朝有利的方向发展，当外包到 4m 时，M_X 及 M_Z 绝对值总和减少了近 154000N · m（M_X 减少 51000N · m，M_Z 减少 103000N · m），但是另外的一个薄弱位置（泥面下的弯矩绝对值最大点)，虽随着外包长度的加大，该点弯矩 M_X 的绝对值也有减小的趋势，但主导弯矩是 M_Z，其变化幅度较小，并且该点 M_X 绝对值的减小量也小于桩顶；所以外包的长度应该根据泥面下的绝对值最大弯矩的绝对值总和与外包结束点的弯矩绝对值总和大致一致来选取。否则加固太长，虽使外包结束点的受力大大改善，但泥面下的最不利位置并没有得到改善，造成浪费；加固太短，外包结束点的受力条件又将差于泥面的不利位置，达不到加固效果。所以通过计算得到当向岸斜桩加固到3.9m时，向岸斜桩外包结束点 M_X 为-58323N·m，M_Z 为154233N·m；泥面下最不利位置 M_X 为63917N·m，M_Z 为-151864N·m，绝对值总和相差3222N·m，故外包时推荐向海斜桩外包长度0.6m，向岸斜桩外包长度为3.9m，外包宽度均为0.8m，在此加固下，桩体弯矩受力改善了38%。加固体的配筋情况根据计算得到的弯矩及剪力进行配置。

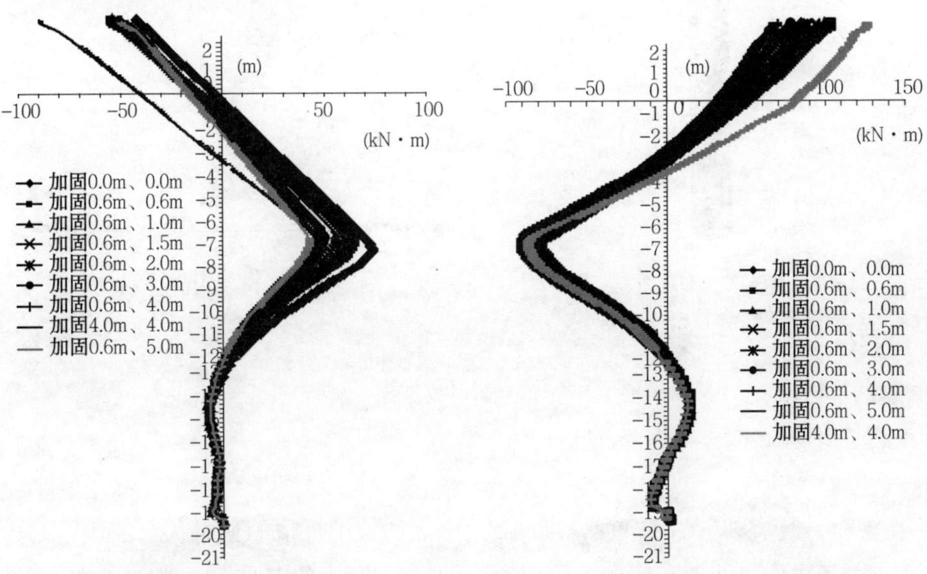

图6-31 加固前后向海斜桩 M_X 值　　图6-32 加固前后向海斜桩 M_Z 值

(4)局部外包加固下最不利位置承载力核算

根据上面确定的最不利位置的受力情况(表6-41)，建立桩体等效的钢筋混凝土有限元模型，进行其承载力核算。

最不利受力值 表6-41

桩名	M_X(N·m)	M_Z(N·m)	F_Y(N)
向岸斜桩	63917	-151864	-388712

通过对向岸斜桩外包后最不利受力位置的等效模拟模型计算可以知道:在最不利受力下等效构件 Y 坐标小于 0.5m 以下的正截面出现了轻微的裂缝,说明等效截面的受力超过了其抗力,等效构件裂缝的最大宽度为 0.11mm,见图 6-33 和图 6-34。

并由构件 $Y=0.3\text{m}$ 的正截面 Y 方向应力图(图 6-35)和正截面受力矢量图(图 6-36)可知,截面左边较小的三角区域应力为 0,出现轻微的受拉破坏;其最大压应力为 16.4MPa,小于混凝土轴心抗压强度(22.0MPa),故认为向岸斜桩不会发生受压破坏。所以外包加固对码头叉桩桩体有一定的加固作用,加固后码头仅会出现轻微的受拉破损,故为保证码头安全还应采取一些保护措施。

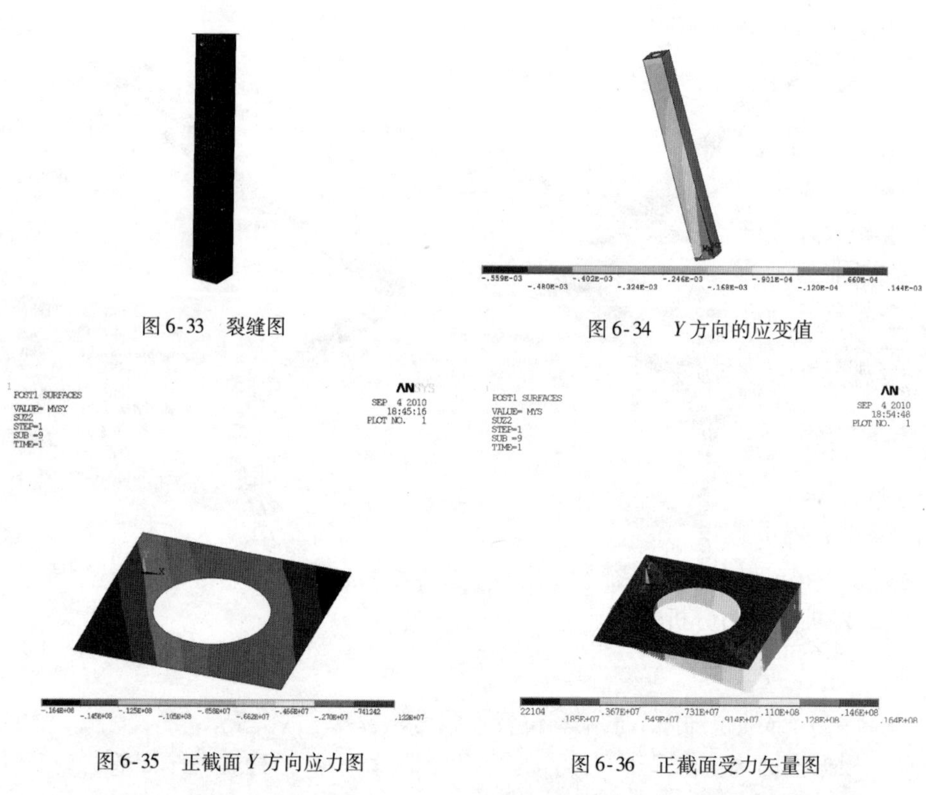

图 6-33 裂缝图

图 6-34 Y 方向的应变值

图 6-35 正截面 Y 方向应力图

图 6-36 正截面受力矢量图

(5)加固后区域变形

对局部外包法向海斜桩外包 0.6m、向岸斜桩外包 3.9m 后的有限元结果进行分析,得到外包加固体及周围区域的变形特征。图 6-37 和图 6-38 为加固区域 X 和 Y 方向位移,图 6-39 和图 6-40 为未加固时 X 和 Y 方向位移。

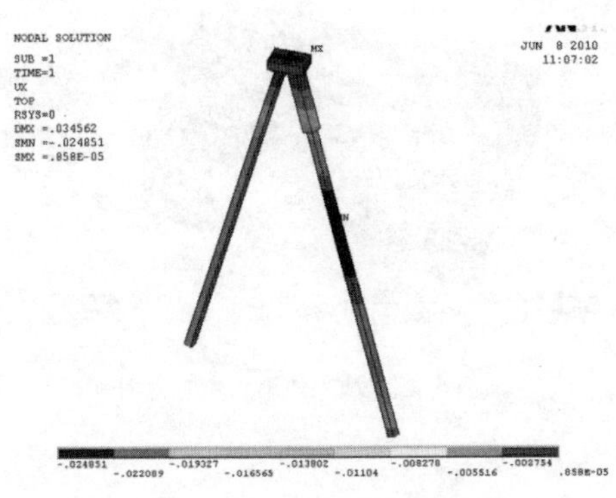

图 6-37　加固区域 X 方向位移

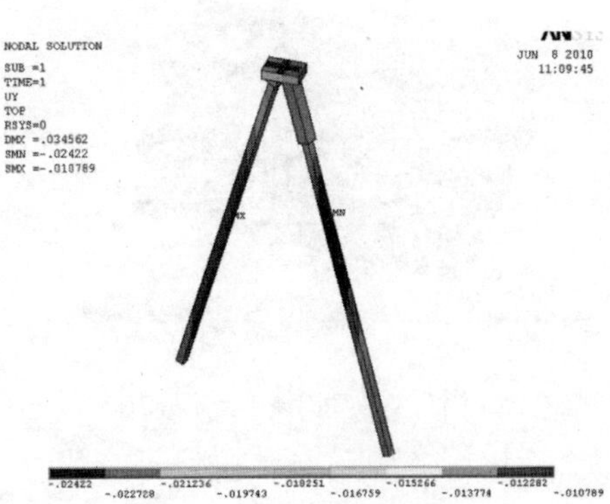

图 6-38　加固区域 Y 方向位移

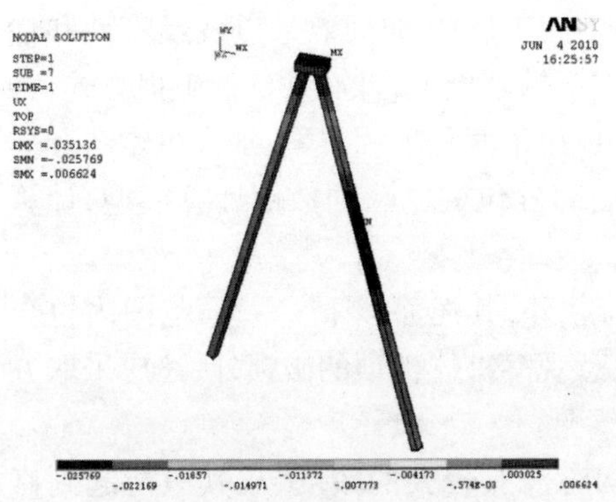

图 6-39　未加固时 X 方向位移

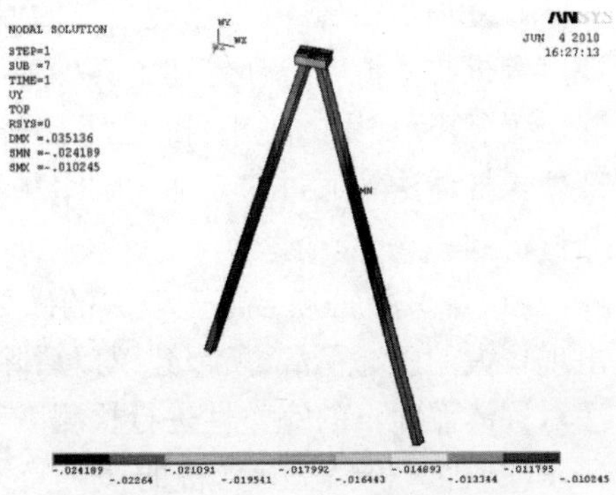

图 6-40　未加固时 Y 方向位移

对桩体进行外包加固前后,桩体及桩帽 X 方向的最大位移由以前的 6.6mm 变为 0.08mm,其他变形特征基本上没有发生变化。

(6)桩帽应力分析

桩体局部外包后对桩帽的应力进行分析,图 6-41 为加固体第一主应力图,图 6-42 为加固体第三主应力图。

结合第一主应力和第三主应力云图分析桩帽的应力可知,加固体的第一主应力出现在桩帽底面向岸斜桩的区域并靠近桩帽的边缘(沿长度方向),最大值为 3.59MPa;第三主应力也出现在桩帽底面向岸斜桩区域(桩帽中部),其最大值为 5.13MPa。因此在设计时应注意在向岸斜桩和向海斜桩外包体与桩帽之间的栽筋工作。

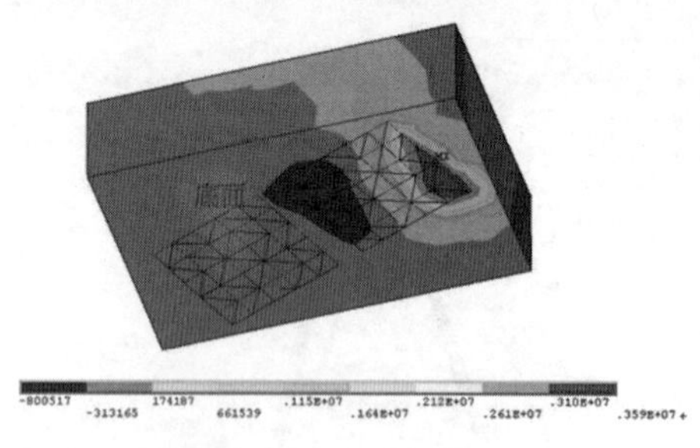

图 6-41　加固体第一主应力图

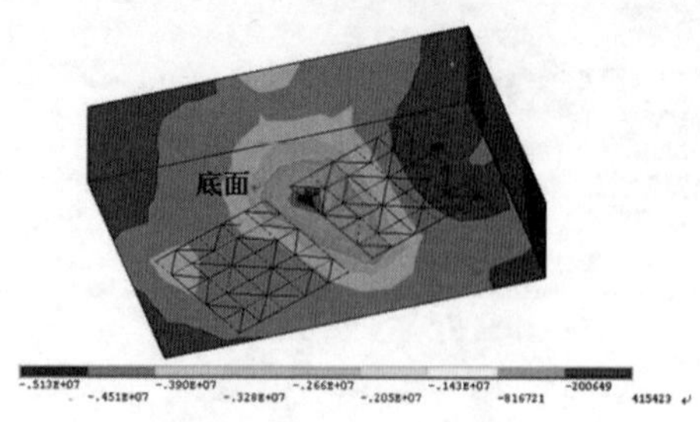

图 6-42　加固体第三主应力图

6.4.4　总结

本节从减小作用于码头的水平力和减小土体对叉桩的作用力入手，提出了一些修复加固措施，并对这些措施的原理、施工工艺、加固效果以及经济性和优缺点等进行了说明。在综述了各种加固方案的基础上，针对叉桩的破损方式、特殊位置、修复加固的施工可行性及经济性提出了两种加固方案：加大桩帽法和局部外包桩体法。通过建立加大桩帽法和局部外包桩体法的数值计算模型，计算分析得到：

(1)除叉桩桩顶会产生较大的破坏荷载外，其泥面以下 1 ~ 2m 范围内也会出现较大的破坏荷载，所以建议以后除留意观察桩体桩顶的破损外，还应采取方法对桩体泥面下的完整性进行检测。

(2)加大桩帽法对叉桩的最大受力状态没有较大的改变，故其只能起到修复作用；而局部外包桩体法虽对桩体外包结束点受力有改善的趋势，但其对泥面下受力不利点的改善较小，削弱了局部外包桩体法的作用效果，在外包 3.9m 长度后对结构的最不利受力改善了 38%，所以局部外包桩体法对码头水平承载力有提高的作用；但由于本工程极限工况下的荷载较大，经外包加固后桩体仍不能满足承载力要求，所以仍需加以辅助措施。

(3)叉桩与桩帽的交接面产生了大于混凝土抗拉强度的拉应力，所以为了防止桩帽底部开裂，应在浇筑桩帽时注意让桩体进入桩帽较大的安全距离。

第7章　高桩码头接岸结构破坏及加固方法

7.1　适用范围及技术分类

通常高桩码头由高桩承台和接岸结构两大部分组成,而码头结构是否安全的"生命线"是接岸处的整体稳定性,它又决定着高桩承台的宽度。接岸结构的作用主要是衔接码头与陆域、减小码头结构的宽度并起到挡土作用。与其他部分相比,其构造相对比较复杂,破坏后维修加固比较困难、费用也高。我国正在服役的大量高桩码头中,以重力式挡土墙接岸和钢板桩接岸居多。随着码头使用年限的增长和码头装卸负荷的增加,接岸结构出现变形、破坏的情况越来越多,这逐渐成为高桩码头结构安全的关注重点。

钢板桩式接岸中的钢板桩被打入深层土体,其挡土作用比重力式挡土墙接岸要好,其不良变化有斜顶桩桩顶开裂、钢板桩锈损等。对于前者,工程上创造了铰接桩帽方式,成功地解决了这一问题,而对后者的相关研究和工程应用还不多。结合高桩码头工程实例,对接岸结构钢板桩锈损规律及其加固方法进行研究,详见第7.2节。

重力式挡土墙接岸结构不良变化以过大变形为主。在较大的堆货荷载作用下,挡土墙下岸坡土体发生明显的向海侧位移,挡土墙倾斜,靠近挡土墙的基桩在岸坡土体前移推动和上部结构的限位作用下,发生桩顶断裂、桩帽与横梁间相对错位、横梁搁置长度不足等破坏现象。这类破坏现象在天津港多个老码头中出现,尤其是位于突堤和顺岸连接部位的码头转角处,这种现象更多。对重力式挡土墙接岸结构的破坏特点与加固方法进行研究,见第7.3节。

7.2　钢板桩式接岸结构锈损后加固

7.2.1　技术背景

钢板桩式接岸挡土结构是用来抵抗后方堆场在荷载作用下使土体产生水平变位的重要结构。"钢板桩+斜顶桩+帽梁"形式的钢板桩接岸结构是一种依靠斜顶桩提供水平抵抗力、帽梁连接斜顶桩与钢板桩,钢板桩将上部水平力传至土层深处进而减小岸坡变形的结构形式。

根据天津港码头设施2008年秋季调查报告知,天津港某码头钢板桩挡土结构在恶劣的海洋环境中由于锈蚀、电化学腐蚀、海浪冲刷等作用出现了严重的锈蚀破损现象。为了保障码头的安全使用,亟须对钢板桩挡土结构进行加固。

对钢板桩挡土结构的加固,在经济性和施工难易度两个指标的制约下,能用于工程实际的加固方法目前还不多见。采用数值分析等方法对工程结构进行研究,对可用于钢板桩挡土结构加固的方案进行比选,以便寻找能够运用于工程实际的最优加固方案。

采用ANSYS有限元软件建立了钢板桩结构与土相互作用的数值计算模型,进行了钢板桩帽板加固法、局部外包法的有限元计算分析,得到了以上两种加固方案下的土体变位和钢板桩受力情况;并结合经济性和施工可行性等指标推荐局部外包法为最优加固方案。该方案施工难度相对较低,工程量较小,加固后接岸结构的变形和受力均可以满足使用要求。

7.2.2 工程概况

依托工程为1978年竣工的3个高桩码头。泊位总长530m,装卸货种为件杂货,靠泊能力为3个万吨级泊位,可同时停靠2艘150m及1艘160m长的船舶。码头结构形式为高桩梁板式,分为前后承台。码头挡土结构断面图见图7-1。

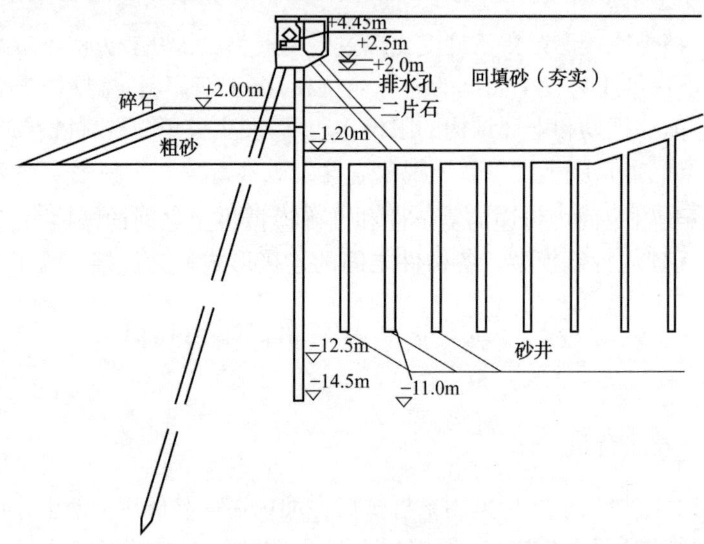

图7-1 码头局部断面图

码头的接岸结构形式为“钢板桩+斜顶桩+帽梁”，接岸结构是由鞍IV型钢板桩、55cm×55cm的预应力空心斜顶桩和钢筋混凝土帽梁构成的挡土墙，板桩墙和斜顶桩的连接形式为固接。板桩桩尖打至-17.5m，斜顶桩桩尖打至-22.0m，相邻斜顶桩间距为3.5m。接岸结构钢板桩为鞍IV型，其宽度$W=400$mm，高度$h=180$mm，腹板厚度$t_1=15.5$mm，勒板厚度$t_2=10.5$mm，断面积$A=99.14\text{cm}^2$，重量$G=777.3$N/m，惯性矩$I=4025\text{cm}^4$。鞍IV型钢板桩断面图见图7-2。

根据现场测试，该钢板桩挡土结构的大多数钢板桩只剩下80%的残余厚度（钢板桩原厚度为15mm，80%的残余厚度为12mm）；部分破损严重区域的钢板桩则已出现了300mm×500mm大的锈洞，见图7-3。

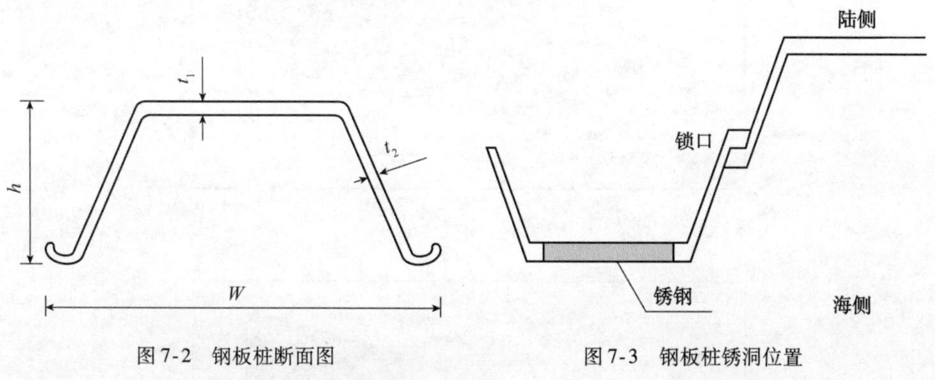

图7-2　钢板桩断面图　　图7-3　钢板桩锈洞位置

7.2.3　钢板桩锈蚀及破损情况的有限元分析

(1) ANSYS有限元计算模型的建立

考虑各构件之间力传递的复杂性和准确模拟桩土之间的摩擦力，采用实体单元Solid45建立计算模型。各构件之间的连接形式均为固接。为了减小建模的难度和能划分出计算相对精确的规则网格，采用式(7-1)、式(7-2)对U形钢板桩进行一定的简化。

$$E_C I_C = E_S I_S \tag{7-1}$$

$$E_C A_C = E_S A_S \tag{7-2}$$

式中，E_C、E_S分别为计算弹性模量和钢的弹性模量；I_S、A_S分别为U形钢板桩的惯性矩和截面面积，钢板桩的截面面积和惯性矩参照《港口工程钢结构设计规范》(JTJ 283—1999)；I_C、A_C分别为计算模型中的连续墙的惯性矩和截面面积。

根据码头结构段的对称性，沿码头岸线方向取 3.5m 范围，岸-海方向取 83m 范围（码头前沿外+13m，码头前沿往后取-70m）。模型示意图见图 7-4，有限元模型网格图见图 7-5。模型的底面设为全约束；由于模型在岸-海方向选取了足够的长度，故不考虑 X 方向的位移，模型前后两侧仅设置 X 方向的约束；模型的左右两侧设为对称约束。

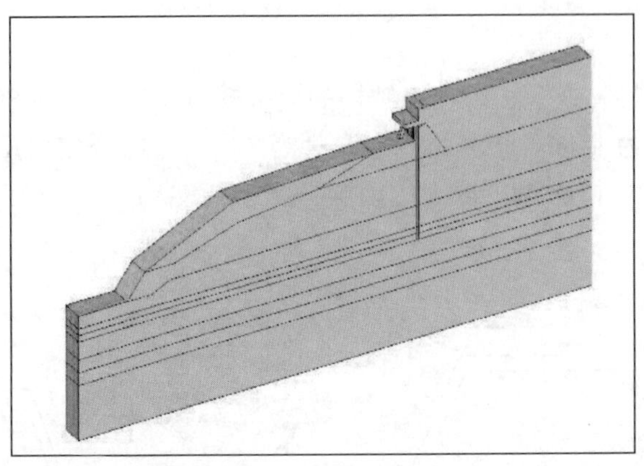

图 7-4 模型示意图

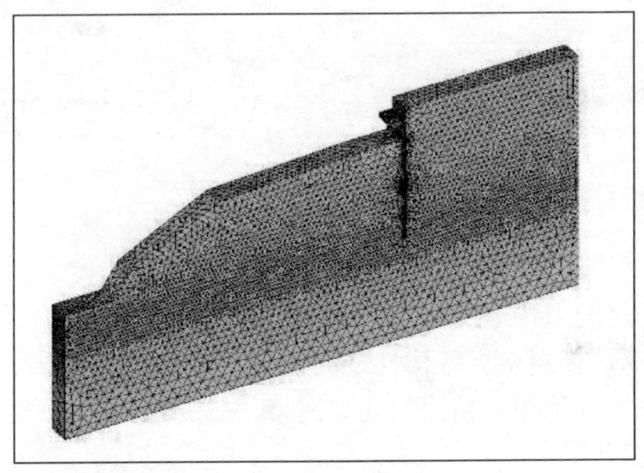

图 7-5 有限元模型网格

（2）有限元分析结果

采用 ANSYS 有限元软件分别计算了钢板桩在完好状态下、锈蚀情况下（还有 80% 的残余厚度）、局部破损情况下，以及在后方堆场设计荷载为 $50\mathrm{kN/m^2}$ 的竖向荷载下，土体的最大水平位移和钢板桩的最大压应力，计算结果见表 7-1。

钢板桩在锈蚀及破损情况下的土体最大水平位移和板桩最大压应力　表7-1

状态	土体最大水平位移(mm)	板桩的最大压应力(N/mm^2)
完好	14.9	194
锈蚀	17.7	367
破损	20.6	233

由表7-1可以得出：

①钢板桩在完好状态下土体的最大水平位移要比锈蚀或者破损状态的最大水平位移小得多。这是由于钢板桩在受到后方土体压力作用时，形成了一种超静定梁的结构，上面固接在斜顶桩，下面沿 X 方向支撑在土上。钢板桩在完好状态时其刚度比较大，故在同样的主动土压力作用时，其变形比较小，从上支座到下支座间的板桩引起的板桩另一侧的被动土压力较小，使大多数的主动土压力在板桩的作用下传递到了土体的深处，故使土体的最大水平位移较小。钢板桩锈蚀或破损后其抗弯刚度下降，在土体的上部就对钢板桩的另一侧产生了较大的被动土压力，主动土压力就不能很好地传递到土体的深度，故使土体的最大水平位移有所增加。

在完好状态下，钢板桩的最大压应力也比锈蚀或者破损情况下板桩的压应力要小得多。

在钢板桩完好情况下，接岸结构能够较好地实现其结构性能，具有较好的阻挡土体变形和承担上部荷载的能力，并且钢板桩的强度满足要求。

②钢板桩在锈蚀后残余80%厚度的情况下，钢板桩接岸结构性能有所降低，并且在桩身泥面线以下位置的钢板桩将无法满足强度要求，该位置的最大拉应力值367MPa。根据《港口工程钢结构设计规范》(JTJ 283—1999)，Q235钢材的抗弯强度设计值为 $f=215N/mm^2$。钢板桩在锈蚀情况下的最大应力值超过了钢板桩设计抗拉强度215MPa，土体的变形明显增大，接岸结构处于较危险的状态。

③钢板桩在局部破坏锈蚀成洞的现状下，若钢板桩存在海侧凸面锈洞时，钢板桩锈洞位置拉应力最大值为233MPa，超过了设计值，使得钢板桩整体作用性能降低，因此土体变形将增大，并且对接岸结构本身的稳定也造成了影响，对帽梁后部的沉降影响较大，帽梁与斜顶桩连接可能出现破损，从而造成接岸结构中斜顶桩和钢板桩的共同作用无法实现。

7.2.4　钢板桩修复加固方案

修复加固方法大致可以分为局部维修加固法和设置替代挡土结构法两大

类。局部维修加固法包括补焊钢板法、局部外包加固法、降低帽梁覆盖高程法、改善墙后土体性能法等;设置替代挡土结构法包括增设地下连续墙法、增设替代钢板桩法等。

钢板桩出现锈洞破损,最直接的方法就是焊接钢板修复,再采取涂料防锈处理。但是补焊的钢板同钢板桩形成电偶,补焊的钢板作为阳极很快就会被消耗,这就导致二次锈蚀问题。改善墙后土体法虽然工程造价低,但加固效果较差,其主要用于新建码头,不适用于本工程。地下连续墙法、增设替代钢板桩法不仅会影响码头的正常作业,而且工程量大,工程造价大,其经济性不能满足业主的要求。

根据工程具体特点、预期加固效果等因素,特提出帽板加固法和局部外包法两种加固方案。通过建立其两种方法的 ANSYS 有限元模型进行数值计算,并结合施工可行性和经济因素推荐最优方案。

7.2.5 帽板加固法

(1)帽板加固法简介

帽板加固法的优点是施工作业面不涉及码头面以上,不需开挖码头挡土墙后方土体,施工简便,不影响生产;缺点是会给斜顶桩增加一定的弯矩。

帽板加固法具体内容和要点为:①帽板式钢筋混凝土加固体分为加固板和斜顶桩外包体两部分,有关尺寸可在下列数据基础上进行调整:加固板长 $L=3500+550+300=4350$mm,根据斜顶桩间距调整;加固板厚 $A=300$mm,设置净保护层 50mm,双侧双向配筋;加固板高 $H=1500$mm,根据钢板桩顶部锈蚀破损情况,从泥面向下开挖至钢板桩剩余厚度满足要求处,加固板高度据此调整。斜顶桩外包混凝土尺寸为沿桩周外扩 150mm,其高度与加固板同高,施工有困难时也可以略小于加固板高度。对于已经铰接外包的斜顶桩可以利用原外包体形成对加固板的支撑。②为加强整体性,应在帽梁底部栽锚筋,加固板底部附近的钢板桩上焊拉筋,其他高度焊抗剪器。所有焊接金属均应处于加固混凝土保护内。

(2)帽板加固法的有限元分析

该方案考虑到泥面以下的钢板桩尚可发挥剩余作用,直接在钢板桩锈洞位置采用帽板式钢筋混凝土加固,将尚能工作的钢板桩通过加固体与斜顶桩连接起来,帽板加固法方案见图 7-6。

计算得到帽梁加固方法下土体的最大侧向位移为 14.7mm,说明采用帽板加固法能够将锈洞以下的钢板桩与帽梁的共同作用重新建立起作用关系。土体的侧向位移见图 7-7。

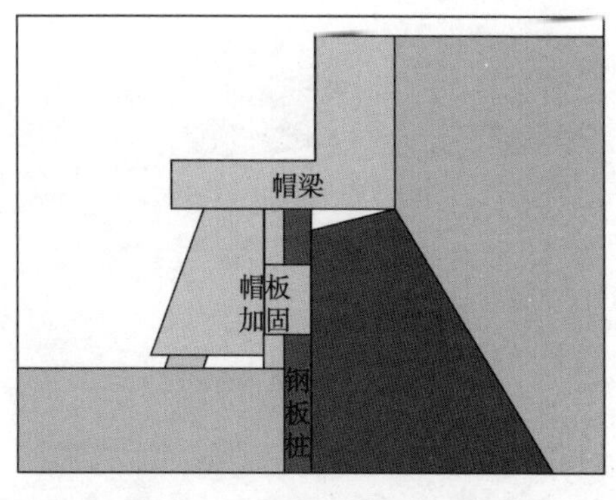

图7-6 局部外包法模型断面图

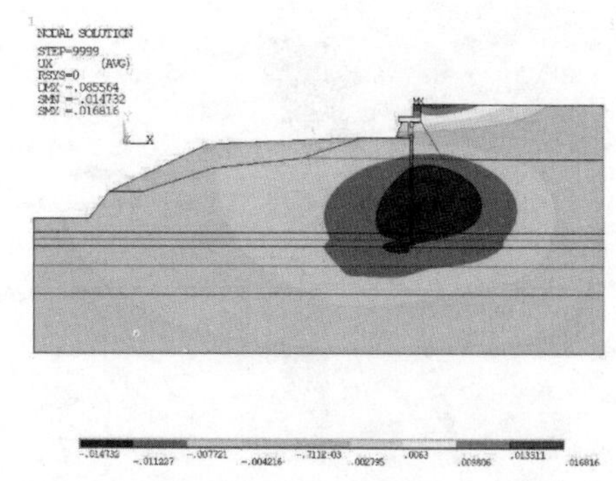

图7-7 土体侧向位移(单位:m)

通过计算得到钢板桩的最大压应力为195N/mm^2,小于Q235钢材的抗弯强度设计值f=215N/mm^2,板桩处于安全状态。但是钢板桩在土体竖向摩擦力的作用下下沉,会使斜顶桩受到很大的弯矩,帽板加固法使原本斜顶桩产生的抵抗主动土压力的水平力作用点向下移,而进一步增大了斜顶桩受到的弯矩。虽然帽板加固法对斜顶桩上部分进行了外包加固,但是由图7-8、图7-9可知:结合第一主应力和第三主应力,斜顶桩加固桩帽的底部受力相对集中,第一主应力和第三主应力的最大值均出现在这个位置,其中第一主应力最大值为34MPa,第三主应力最大值为37.6MPa。这是由于斜顶桩在上述弯矩作用下的结果,虽然斜顶桩受到的水平力会产生一定的反弯矩,斜顶桩受到的弯矩会沿帽梁底部向下有一定的降低,但是在斜顶桩加固桩帽底部的弯矩还未减小到安全弯矩,故还应对斜顶桩进行一定的加固,即通过计算后在帽板加固法加固桩帽的底部一定长度内再进行外包加固。外包桩帽、浇筑帽板以及结构的不规则等因素会使钢筋配置和尺寸确定比较烦琐。

7.2.6 局部外包法

(1)局部外包法介绍

考虑到“帽板加固法”中斜顶桩的受弯特性和现场施工困难,提出了对破损钢板桩采用钢筋混凝土局部外包法。该法优点是施工可操作性好,不会影响斜顶桩的受力性能。缺点是利用了原部分锈损的钢板桩。

局部外包法方案要点为:①采用钢筋混凝土板加固锈蚀破损部分的钢板桩,类似“夹板法”接骨处理;②在钢板桩破损上下焊接锚筋生根,使其与外包体形成整体作用,共同受力;③在钢板桩原排水孔位置,依然预留排水孔;④加固体底部,可按极端低水位-1.29m设计;⑤如采用干法施工,需局部掀开码头后承台

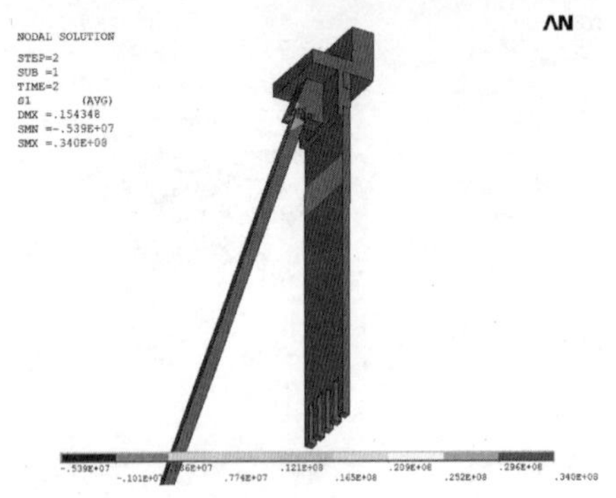

图 7-8　接岸结构第一主应力图

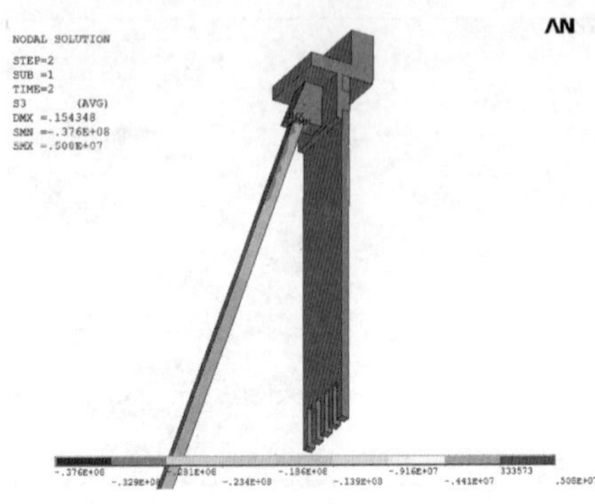

图 7-9　接岸结构第三主应力图

一跨面板，进行深层支护施工，清泥形成施工作业面，然后施工钢筋混凝土加固体。

(2)局部外包法的有限元分析

钢板桩局部外包方案，是在钢板桩产生锈洞的位置对钢板桩进行局部加固，使得钢板桩能够恢复到需要的强度和状态。局部外包法方案见图 7-10。

计算得到局部外包方法下，土体的最大侧向位移为 14.68mm，说明采用局部外包法能够将锈洞上下的钢板桩连接起来，使得钢板桩接岸结构的体系共同作用得到恢复。土体的侧向位移见图 7-11。通过有限元分析得到局部外包法下的钢板桩弯矩图(图 7-12)和轴力图(图 7-13)，然后根据式(7-3)得到钢板桩的最大压应力为 93N/mm²(位于高程-2m 处)，处于安全状态。

$$\frac{\gamma_{GQ}}{1000}\left(\frac{N_k}{A}+\frac{M_{maxk}}{W_z}\right)\leqslant f \tag{7-3}$$

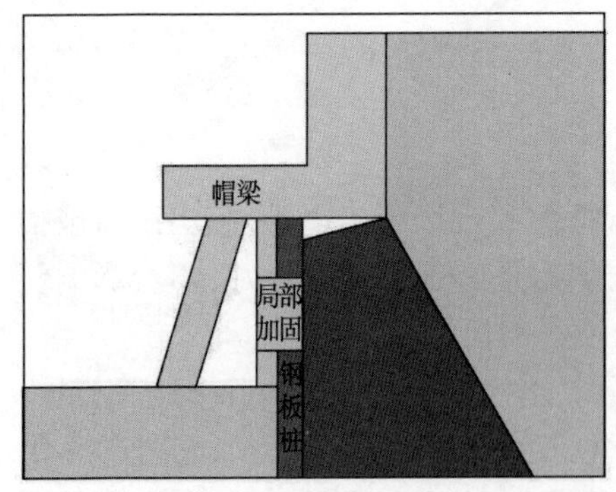

图 7-10　局部外包法模型断面图

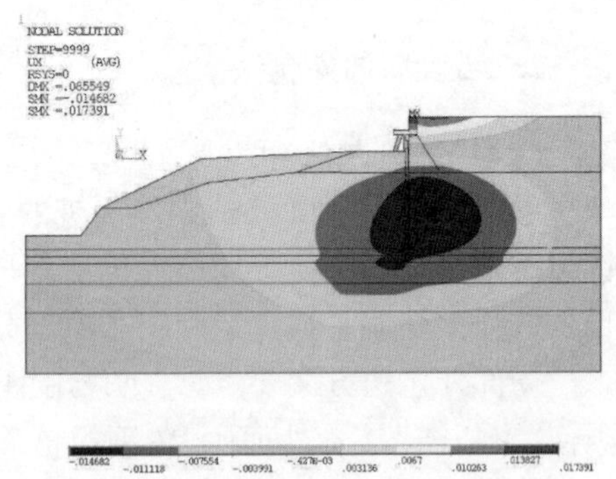

图 7-11　土体侧向位移(单位：m)

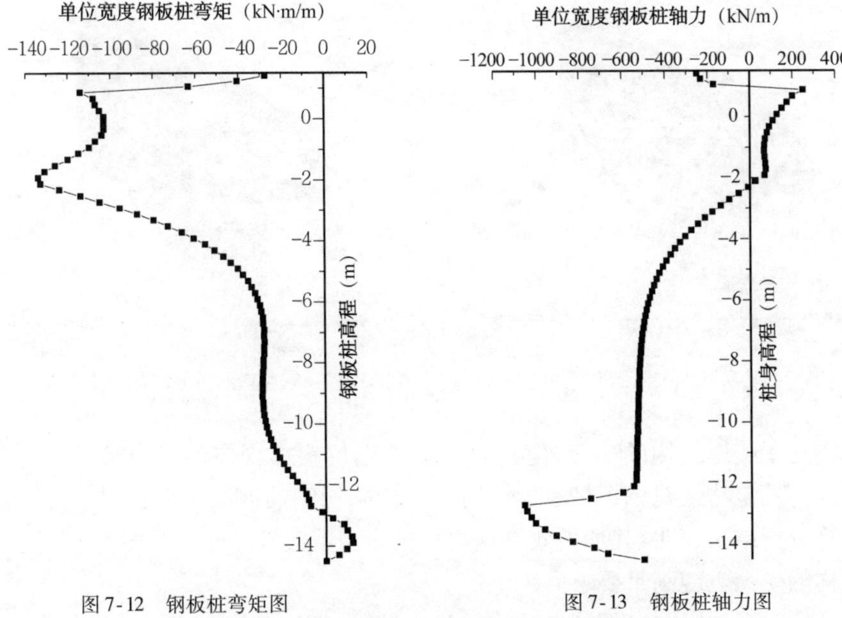

图 7-12　钢板桩弯矩图　　　　图 7-13　钢板桩轴力图

对局部外包法加固后的混凝土构件（帽梁结构和加固体）进行应力分析，图 7-14 为帽梁和加固体的第一主应力图，图 7-15 为帽梁和加固体的第三主应力图。

分析其第一主应力图可知，加固混凝土体的海侧方向是受拉的主要区域，最大第一主应力出现在加固体顶端，最大值为 2.37MPa，超过了抗拉强度 1.78MPa，但范围较小，而且加固体在向海测配有钢筋，只要适当增加配筋率便能满足抗拉条件。由第三主应力分析可知，主要受压区域为斜顶桩与帽梁连接处和加固体的岸侧，但是应力值都相对较小，对结构安全没有影响。

7.2.7　加固方法比选

钢板桩在恶劣的海洋环境下会出现锈蚀和局部破损等现象，将严重影响码头的安全，不仅使土体的侧向位移有所增加，而且还使钢板桩的最大压应力超过其抗弯强度设计值，故钢板桩结构破损后应及时寻找合理的加固方法。

针对天津港某码头钢板桩锈蚀破损特征并考虑加固的经济性、施工可行性等因素，提出了帽板加固法和局部外包法两种加固方案进行比选。综合有限元计算分析结果，帽板加固法可以将泥面以下的钢板桩与斜顶桩和帽梁连接起来，

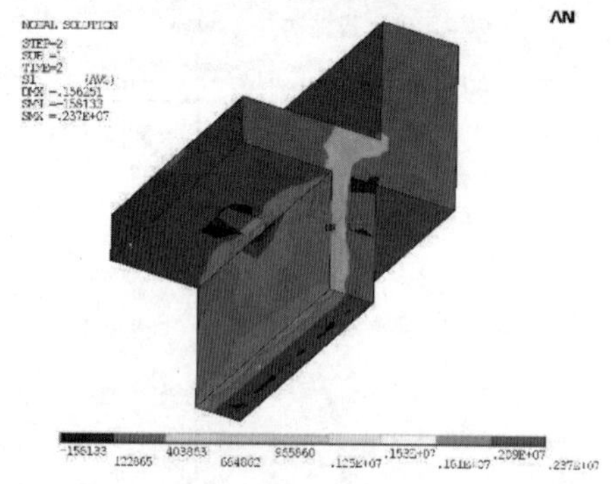
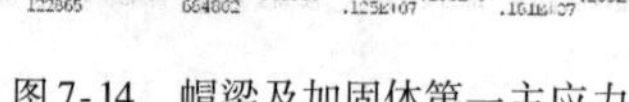

图 7-14　帽梁及加固体第一主应力

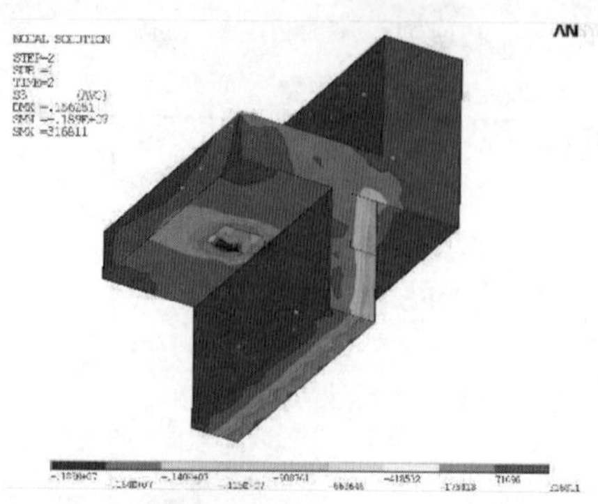

图 7-15　帽梁及加固体第三主应力

重新实现了接岸结构的功能，但是斜顶桩桩帽位置加固体的受力较大，需要注意。局部外包法是在钢板桩产生锈洞的位置采用钢筋混凝土外包，接岸结构变形计算分析结果表明，其加固效果基本可以达到钢板桩完好情况的水平，钢板桩及结构的受力也能满足要求。

综合两个加固方案的特点及数值分析结果，特推荐在钢板桩产生锈洞位置采用局部外包法对钢板桩进行加固，该方案施工难度相对较低、可操作性较强、工程量小、不影响码头的正常作业且加固后接岸结构的变形和受力也可以满足使用要求。局部外包法加固方案见图 7-16，图中尺寸单位为厘米，高程单位为米。

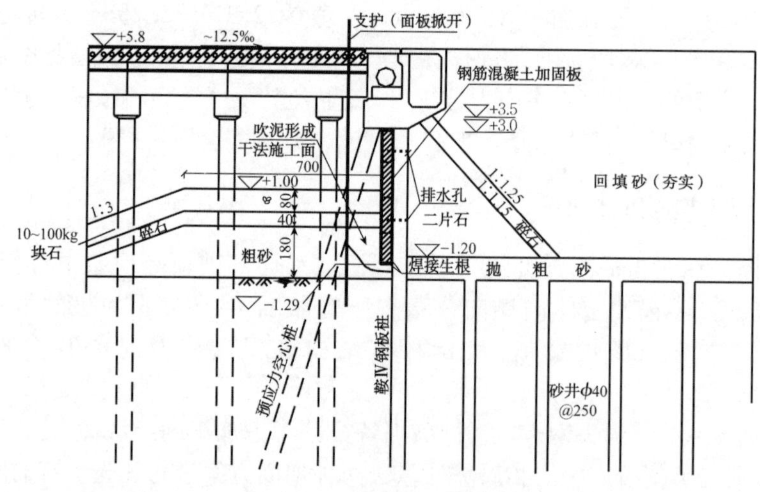

图 7-16　局部外包法方案图

7.3　重力式接岸结构变形后加固

7.3.1　技术背景

近几年天津港多个突堤转角处的高桩码头岸坡变形比较明显，导致码头后方承台结构构件出现明显的相对错位、变形等破损情况，严重影响了码头结构物安全。根据最新的研究成果，对岸坡变形的整治方案进行了探索，并用数学模型手段对其加固效果进行了验证。验证结果表明，提出的整治方案对高桩码头岸坡变形加固效果明显，能使码头受力状态大大改善。

7.3.2　工程概况

天津港北疆港区的平面布置呈突堤式，岸坡与码头通过接岸结构相连。近几年码头调查发现，多个突堤转角处码头靠近接岸结构的后承台桩、梁、板出现了很明显的错位，而且这些错位呈逐年增大的趋势。较严重的为靠近后方挡土墙的基桩与简支横梁间出现的错位，最大错位达15cm，使横梁的搭接长度大大减小，局部压应力过大使得很多桩帽发生了劈裂，有的横梁因轴向力太大已被挤拱，搭接点已脱开，桩帽出现了悬空现象。2005年3月在检查中发现，个别后方承台面板因横梁和面板相对错动过大，导致搭接长度过小而产生了塌陷现象，严重威胁到码头结构的安全和作业安全。

针对岸坡变形对高桩码头的影响问题，国内外有些学者和技术人员也进行了一些研究，取得了部分研究成果。廖雄华、张克绪以天津港14号泊位的特定地层条件、土性参数、桩基结构体系为对象，对天津港高桩码头桩基结构-岸坡土体相互作用的平面应变问题，进行了岸坡变形对码头结构内力影响的二维FEM数值分析。杨富春以上海港为背景，对软土地基上高桩码头的损坏原因及规律进行了总结和归纳，指出软土地基上高桩码头的损坏模型主要包括沉降型、位移型和混合型，尤其指出沉降型破坏是主要的破坏类型。王年香依托某新建高桩码头工程，通过现场离心模型试验、砂槽模型试验和有限元数值模拟分析，对由堆场填土和地面荷载引起的岸坡变形及其对码头桩基的影响进行了研究，结果表明，在码头竣工初期，以侧向变形为主，引起码头向前位移，经过4～5年后，其影响可能逐渐衰减，而岸坡中不均匀沉降的影响可能慢慢上升为控制因素。但经天津港的事实证明，即使码头竣工多年以后，如果码头使用荷载增大，岸坡土体水平位移仍会十分明显。

针对岸坡变形的整治措施方面，天津新港地区目前已采用的主要是排水砂井堆载预压法。经实践证明，该方法能比较有效地加速土体固结，减小土体后期变形，在某一阶段达到一个变形平衡状态，但随着上部荷载的增大，岸坡的平衡稳定被打破，仍会继续发生土体蠕变变形，对码头结构仍会造成较大的破坏，所以排水砂井堆载预压法存在对上部荷载变化适应能力不足的缺陷。

7.3.3 天津港地区地质情况分析

天津新港地区地质条件呈海相沉积的软弱土层，持力能力较好的细砂层一般在-21.0～-23.0m以下，这以上为淤泥层或淤泥质黏土层，特别是在-4.0～-16.0m左右的土层土性弱，呈流塑状态。天津新港地区发生的土层失稳大多在这个深度范围内，如20世纪70年代钢铁码头的浅层滑动、1997年的南疆非矿码头圆弧滑动、2006年的东疆预制场护岸滑坡等，这也是天津新港地区打设排水板排水加固深度一般均达到-16m左右的根据。从现场取样指标与20世纪60年代的地质钻孔资料对比发现，码头岸坡区的土性变化不大，这说明在自重条件下岸坡土体固结速度很慢。

7.3.4 整治方案

根据所掌握的高桩码头岸坡变形的机理和规律，在找到了动力根源及其传递途径和造成错位的必要条件后，可采取的工程防治措施也相应而生，主要可分为以下几类：

(1)控制动力根源使之不传力到码头承台区的措施

即在码头后沿线之后20m范围堆场区中施工钻孔灌注桩低桩承台结构来承受堆场上的荷载，直接通过桩基传力到深层土体中，切断发生横向传力条件，使其不发生横向变形。而堆场承台后堆载区的沉降影响也不会波及码头承台下方岸坡。

(2)控制动力根源传力到可靠的接岸建筑物上而阻断其传力到码头承台岸坡上的措施

即废弃浅基础上重力式挡土墙结构，改为深基础接岸结构挡土墙。主要有：钢板桩，斜顶桩挡土墙结构，地连墙结构，旋喷格构桩结构，深层水泥搅拌体(CDM)基础上的重力式挡土墙结构。这也是较好的治本措施。

(3)强化后方承台码头结构物抵抗能力的措施

将后方承台下方平顶桩帽改为有横向约束的凹形顶处理，并将安装孔、安装缝进行压力灌浆处理。防止销筋锈蚀,防止桩帽与横梁间发生横向变位。将后方承台码头下方增加横向连系梁支撑,防止横向排架间变位,提高抵抗土体推力的能力。

针对第一类整治方案,选取了天津港典型岸坡变形的15~16段码头转角区域,建立岸坡-码头结构耦合有限元模型,有限元模型见图7-17。在有限元模型中实施整治加固方案,考察其加固效果。

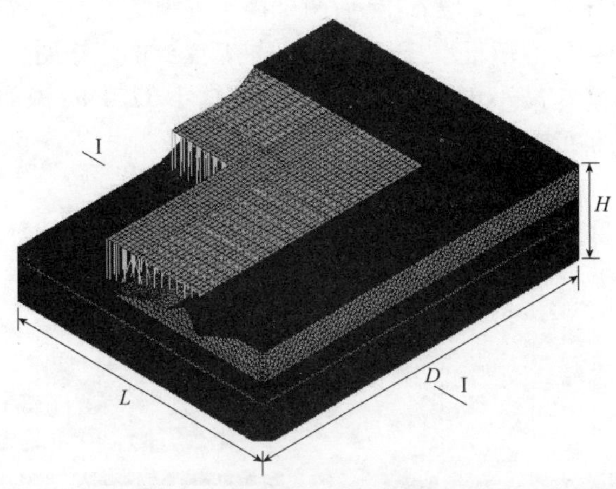

图7-17　局部外包法方案图

加固方案采取在距后承台最后一排直桩7m和12m处增加2排钻孔灌注桩,桩间距与横向排架间距相同且基桩位置相互对应。模拟方案中桩长、断面面积、强度均与后承台直桩相同。桩与土间的连接采用约束方程方式,使桩同周围土体产生协调变形。之所以选择打两排挡土桩而不是深层挡土墙,主要是从施工难度和可行性方面考虑的。实际工程中如果现场作业条件许可,最好凿除原地面、现浇钢筋混凝土地面板,使之支撑于桩顶,以达到将荷载有效传递至深层地基的效果。

7.3.5　加固效果验证

利用土体的弹塑性本构模型,建立了岸坡-高桩码头耦合体系的三维空间有限元模型。模型中,土体采用三维实体单元Solid45模拟,桩和横梁采用三维梁单元Beam188模拟,板采用三维板单元Shell63模拟。通过约束方程耦合桩及其相邻土体节点位移方式模拟桩-土的相互作用,该方法可反映桩-土之间的相互影响,并有效降低计算量。

加固所用基桩与土体的连接,采用耦合桩周土体位移的方式。将加固前后的计算结果进行比较，选取岸坡变形最明显的后方堆场满布堆载的工况，土体和结构参数均保持不变。将计算结果列于图 7-18 ~ 图 7-21 中，并进行比较分析。以下各图中位移单位为米，弯矩单位为牛·米。

比较图 7-18 和图 7-19 可以看出，在断面Ⅰ—Ⅰ上，加固后桩体最大位移有较为明显的降低，在加打挡土桩位置的桩体后，位移降低更为明显，说明挡土桩有效地抑制了岸坡后方土体向海侧的运动。

从图 7-20 和图 7-21 可以看出，后两排挡土桩承受了很大弯矩，而码头后承台最后三排桩受到的弯矩很小，码头结构的桩基受到的弯矩明显减小，而且后承台下最后三排桩弯矩减小更为明显，最大弯矩减小 37.4%，说明该加固方案可以有效降低码头桩的弯矩。

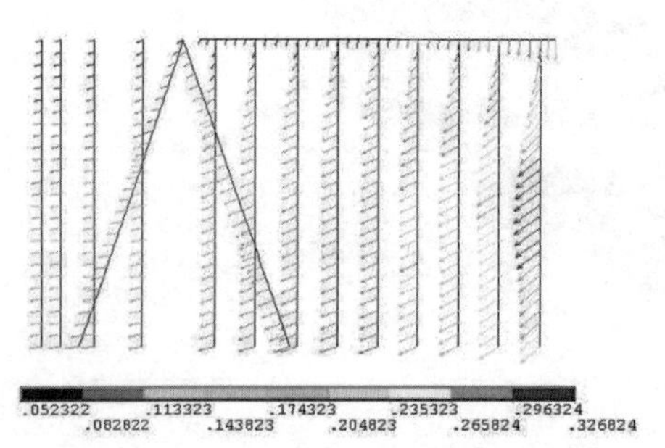

图 7-18　Ⅰ—Ⅰ断面加固前桩位移

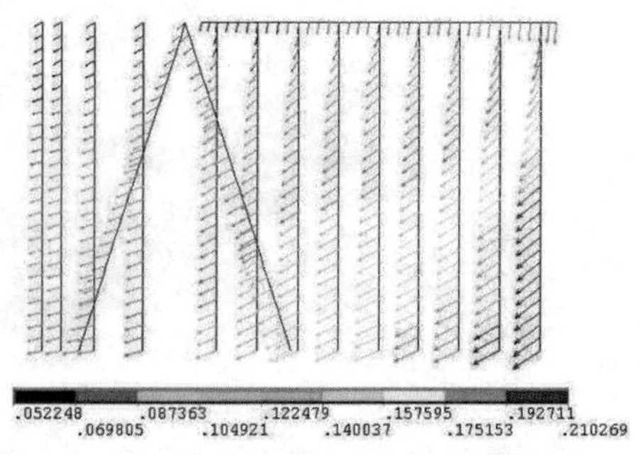

图 7-19　Ⅰ—Ⅰ断面加固后桩位移

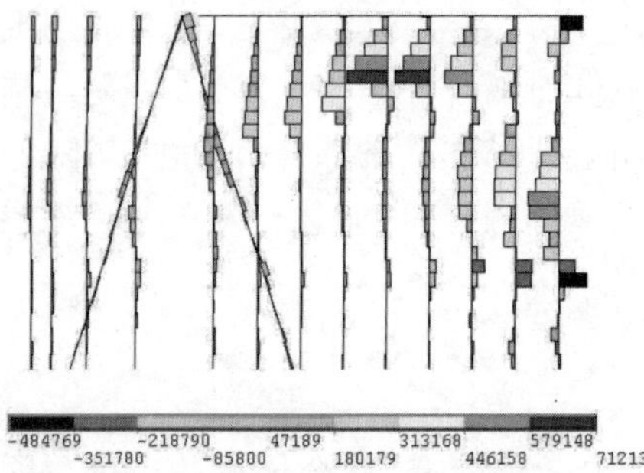

图 7-20　Ⅰ—Ⅰ断面加固前桩弯矩图

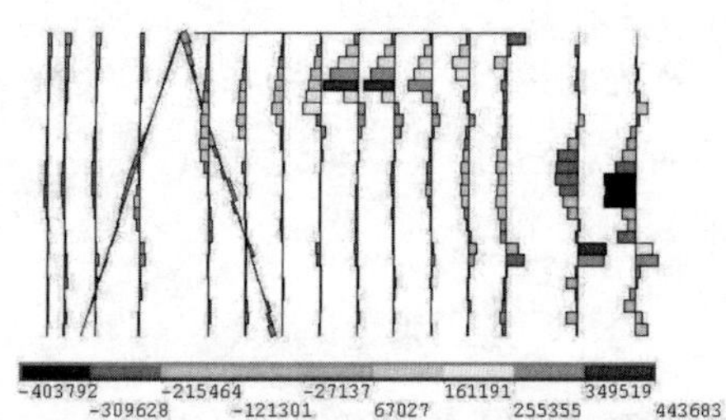

图 7-21　Ⅰ—Ⅰ断面加固后桩弯矩图

为更加清晰地说明提出的加固方案可以有效降低桩基的位移和变形，将加固前后不同断面上桩基最大受力和变形数据列于表 7-2 中。表中 $D_{-\max}$ 表示最大位移，$M_{Z-\max}$ 和 $M_{X-\max}$ 表示 Z 轴和 X 轴方向的最大弯矩。

加固前后基桩位移和弯矩对比表　　表7-2

断面1	$D_{-\max}$(m)			$1M_{Z-\max}$(N·m)			$M_{X-\max}$(N·m)		
	加固前	加固后	降低幅度	加固前	加固后	降低幅度	加固前	加固后	降低幅度
	0.3268	0.2102	35.7%	712137	443683	37.7%	182631	91226	50.0%

通过对比表中数据可以清楚看到，该加固方案可以有效降低桩基的受力和位移，降低幅度普遍在30%以上，个别区域降低幅度超过40%。

通过对加固方案的数值模拟结果可知，在坡顶增加桩可以有效地降低码头桩基的受力和变形，其原因一方面是由于增加的桩起到了挡土桩的作用，阻碍了坡顶土体向海侧的位移，从而减小了对码头桩基的挤压作用；另一方面，坡顶的桩承担了一部分码头堆载，将荷载传递到深层土体中，从而减小了因为码头堆载作为附加荷载对岸坡区域土体和码头桩基的间接影响。模拟情况证明，该方案是有效并可行的。如果再把后方堆场做成钢筋混凝土大板铺面并与钻孔灌注桩连接形成低桩承台结构，加固效果将更加理想。

第8章　结　　论

本书主要总结高桩码头结构的修复加固方法。在高桩码头结构主要破坏特征及破坏原因研究、码头结构加固技术现状调研、相关标准规范归纳分析、码头结构加固方法发展趋势与需求分析的基础上，对高桩码头梁板承台、基桩（叉桩）以及接岸结构的修复加固技术进行研究，为实际工程提供经验，供码头的使用者、管理者、设计人员和检测维修人员参考使用，也可为有关学校的师生提供参考。本书的主要结论如下：

（1）高桩码头建筑物主要由上部结构、基桩、接岸结构和码头设施等部分组成。面板损伤可分为两大类：一类是以钢筋锈蚀为主要现象的耐久性降低，另一类为由过载、冲砸等荷载作用引起的受力破损。梁构件破损出现较多的是预应力横梁构件出现自上而下的开裂现象。桩帽构件在平行于简支横梁轴线的侧面中间部位出现竖向裂缝，有的是一侧有裂缝，有的是两侧对称出现。还有很多桩帽是在横梁下方的侧面出现钢筋混凝土保护层劈裂剥落。叉桩桩帽以从中间断裂破坏和冻融破坏为主，桩顶断裂破坏，或桩帽底部混凝土脱落破坏。高桩码头岸坡土体变形引发接岸结构挤压码头后沿基桩，致使基桩变形，桩帽与横梁发生较大相对错位，此外，高桩码头也会发生整体垮塌。

（2）梁板承台属于混凝土结构，其加固方法有后加预应力法、直接加固法、间接加固法以及其他加固方法。以天津港1～3段码头为工程案例进行后加预应力法处理。在已开裂的承台梁顶部附近，通过补加数根高强度钢绞线，使钢绞线穿绕过整个承台梁，对钢绞线进行张拉施加预应力，从而提高了承台梁的整体性能，达到对承台梁加固的目的。关键技术包括施工可靠性检验、钢绞线弯曲半径的张拉试验、补加钢绞线数量的确定、加固效果的检验等。加固试验表明，加固技术对于1～3段码头开裂承台梁的加固效果是明显的，建议采用6根钢绞线对承台梁进行补强加固，成孔工序为施工进度的关键，并可适当增加在承台梁表面的栽筋数量，以增强新旧混凝土的结合力。直接加固法包括加大截面加固法、粘贴钢板加固法、粘贴碳纤维增强塑料加固法和置换混凝土加固法等。间接加固法包括预应力加固法、改变结构受力体系加固法、增加结构整体性加固法和改变刚度比值加固法等。梁板承台结构加固的其他技术包括托换技术、植筋技术、裂缝修补技术、碳化混凝土修复技术、混凝土表面处理技术、混凝土表层密封技术等。

(3)重点关注适用于各种限制条件下的桩基加固技术,研究各种加固技术的工作机理和加固效果,以及加固检测方法,包括置入钢质半封闭桩尖法提高灌注桩端承力技术、双护筒法穿越抛石棱体补桩加固技术、灌注桩断桩处理技术、灌注桩上下部有不同抗冻要求时的处理技术等。置入钢质半封闭桩尖法快捷、省钱、省事、省时,可有效提高灌注桩端承力。该方法的技术要点包括制作钢质半封闭桩尖、根据孔深制作钢质送桩尖分节套管、用吊机将送桩尖套管与桩尖连接、入孔、用振动锤锤击送桩套管、拔出送桩套管和进行检测等。加固效果表明,在同样大小的试验荷载作用下,采用半封闭桩尖的灌注桩沉降量最小,后压浆处理的灌注桩次之,普通灌注桩沉降量最大,两种加固方法减小沉降量约33%。当达到1.8倍设计使用荷载时,置入半封闭桩尖的情况优于后压浆处理情况。当达到2倍设计荷载时,普通灌注桩呈明显的摩擦桩特征。后压浆处理的桩端承作用继续发挥稳定,沉降量相对较小,且未发现明显下滑趋势,表明承载力仍有提高的潜力。带半封闭桩尖的桩沉降量仍维持最小,但其端承力将减少,侧摩阻力成为主要承载作用。由于大多数情况下现场根本不具备大开挖条件,提出双护筒法穿越抛石棱体补桩加固技术,成功地解决了穿越抛石棱体、深层支护清障、基桩准确定位等技术难题。双护筒法穿越抛石棱体补桩加固技术的要点主要包括将工作护筒沉入地基中,工作护筒内清障,工作护筒内下灌注护筒(灌注护筒也称内护筒)或沉入预制桩,填充砂、石倒滤层材料等。针对灌注桩发生断桩现象,提出灌注桩断桩处理技术。两种处理方法分别为拔出竖管并放入带止水活瓣桩尖的备用竖管并重新灌注和易性好的混凝土,疏通好竖管后重新入孔并浇入富水泥砂浆的初灌量埋管以及和易性好的混凝土。为避免出现在潮差区浇筑了没有抗冻要求的混凝土的质量事故,提出灌注桩上下部有不同抗冻要求时的处理技术。其技术难点包括解决好具有抗冻要求的混凝土初灌量及在更换水下混凝土前抗冻混凝土的埋管深度、竖管底口距孔底悬空距离等有关问题、灌注水下无抗冻要求的混凝土、在浇筑抗冻混凝土前复核该时刻竖管底口高程位置及此时的埋管深度等。

(4)由于叉桩在高桩码头结构受力中的特殊性,针对叉桩的破损及修复技术做出具体的研究。叉桩破损一般由外观检测、抗压强度、保护层厚度以及桩体的钢筋混凝土锈蚀及氯离子含量测定等确定。通过正交试验对叉桩受力特性分析发现,水平力(撞击力和船舶系缆力)对向岸斜桩桩顶影响最大,其次是后承台和后方堆场的均布荷载,码头前沿的浚深和码头岸线的回淤量对 M_Z 值的影响最小。采用数值模型对叉桩破损原因进行分析,发现引起高桩码头前承台叉桩桩顶断裂的主要原因是在外荷载下叉桩桩顶受到过大的弯矩,引起叉桩出现大偏心受压情况而破坏。因此,建议设计规范增加叉桩在外力作用下的弯矩计算及抗弯承载力验算。引起叉桩产生拉压应力的最敏感因数是水平力(撞击力或系缆力),其次是后承台及后方堆场荷载,最后是前沿浚深及岸坡回淤量。实际工程中应对码头作业进行科学指导,避免最不利工况组合的出现,防止对码头叉桩造成破坏。主要从水平力(船舶撞击力、系缆力)和后承台及码头后方堆场的竖向荷载两因素入手,并结合结构加固手段提出叉桩码头加固的建议。减小水平力措施可通过增设钢管靠船桩法、增大叉桩法、更换护舷法、科学的靠船方法和管理等解决。减小后承台及后方堆场在荷载下土体的变形措施包括改善墙后土体性能法、地下连续墙法、施打钢板桩法。混凝土构建补强方法包括直接加固法和间接加固法等。通过数值计算,对加大桩帽法和局部外包法进行计算。加大桩帽法对叉桩的最大受力状态没有较大的改变,故其只能起到修复作用;而局部外包桩体法虽对桩体外包结束点受力有改善的趋势,但其对泥面下受力不利点的改善较小,削弱了局部外包桩体法的作用效果。叉桩与桩帽的交接面产生了大于混凝土抗拉强度的拉应力,所以为了防止桩帽底部开裂,应在浇筑桩帽时注意让桩体进入桩帽较大的安全距离。

(5)高桩码头接岸结构加固方法主要有钢板桩式接岸结构锈损后加固和重力式接岸结构变形后加固两种。钢板桩接岸结构是一种依靠斜顶桩提供水平抵抗力、帽梁连接斜顶桩与钢板桩,钢板桩将上部水平力传至土层深处进而减小岸坡变形的结构形式。钢板桩的修复加固方案可分为帽板加固法和局部外包法两种。通过数值分析,特推荐在钢板桩产生锈洞位置采用局部外包法对钢板桩进行加固,该方案施工难度相对较低、可操作性较强、工程量小、不影响码头的正常作业且加固后接岸结构的变形和受力也可以满足使用要求。在坡顶增加桩可以有效地降低码头桩基的受力和变形,阻碍了坡顶土体向海侧的位移,并减小了因为码头堆载作为附加荷载对岸坡区域土体和码头桩基的间接影响。模拟情况证明,该方案是有效并可行的。如果再把后方堆场做成钢筋混凝土大板铺面并与钻孔灌注桩连接形成低桩承台结构,加固效果将更加理想。

参考文献

[1] Watstein D. Effect of Straining Rate on the Compressive Strength and Elastic Properties of Concrete[J]. Journal of ACI, 1953.

[2] Hughes B P, Gregory R. Concrete subjected to high rates of loading in compression[J]. Magazine of Concrete Research, 1972,24(78):25-36.

[3] 李越松,张勇,王笑难. 天津港突堤转角处高桩码头后承台构件相对错位破损原因[J]. 中国港湾建设, 2007(3):17-20.

[4] 朱崇诚,李越松,王笑难. 灌注桩在码头结构加固中的应用[J]. 水道港口, 2008,29(5):358-361.

[5] 张强,刘现鹏,刘娜. 岸坡土体变形对天津港高桩码头的危害[J]. 水道港口, 2005,26(4):241-243.

[6] 中华人民共和国化工行业标准. HG/T 20578-95 真空预压法加固软土地基施工技术规程[S]. 北京:化工工程出版社,1995.

[7] 天津港务局,交通部天津水运工程科学研究所. 天津港水工设施图集[G]. 天津:天津港务局,1997.

[8] 张明卓,杨学祥. 某特大桥超长大直径钻孔灌注桩桩底压浆施工[J]. 山西建筑, 2007,33(15):111-112.

[9] 中华人民共和国行业标准. CECS 197—2006 孔内深层强夯法技术规程[S]. 北京:中国计划出版社,2006.

[10] 李世京,陈宏儒. 澳门美高梅金殿工程大口径钻孔扩底灌注桩施工技术[J]. 探矿工程(岩土钻掘工程), 2006,33(12):5-8.

[11] 混凝土研究协会. 混凝土裂缝检测、控制与修补新技术应用手册[M]. 北京:中国科技文化出版社, 2006.

[12] 范锡盛,曹薇,岳清瑞. 建筑物改造和维修加固新技术[M]. 北京:中国建材工业出版社, 1998.

[13] 郭莲清. 天津港码头结构综述[J]. 港工技术, 2001(12):64-71.

[14] 朱伯芳. 有限单元法原理与应用[M]. 北京:水利水电出版社, 1998.

[15] 江见鲸,陆新征,叶列平. 混凝土结构有限元分析[M]. 北京:清华大学出版社, 2005.

[16] 中华人民共和国行业标准. JTJ 267—1998 港口工程混凝土结构设计规范[S]. 北京:人民交通出版社,1999.

[17] 中华人民共和国行业标准. JTJ/T 272—1999 港口工程混凝土非破损检测技术规程[S]. 北京:人民交通出版社,1999.

[18] 中华人民共和国行业标准. CECS 192—2005 挤扩支盘灌注桩技术规程[S]. 北京:中国建筑工业出版社,2005.

[19] 中华人民共和国行业标准. JTJ 248—2001 港口工程灌注桩设计与施工规程[S]. 北

京:人民交通出版社,2002.

[20] 中华人民共和国行业标准. JGJ 94—94 建筑桩基技术规范[S]. 北京:中国建筑工业出版社,1995.

[21] 中华人民共和国行业标准. JTJ 302—2006 港口水工建筑物检测与评估技术规范[S]. 北京:人民交通出版社,2006.

[22] 港口水工建筑物修补加固技术规范(在编).

[23] 中华人民共和国行业标准. JTJ/T 271—1999 港口工程混凝土粘接修补技术规程[S]. 北京:人民交通出版社,2000.

[24] 中华人民共和国行业标准. GB 50367—2006 混凝土结构加固设计规范[S]. 北京:中国建筑工业出版社,2006.

[25] 中华人民共和国行业标准. JGJ 116—98 建筑抗震加固技术规程[S]. 北京:中国标准出版社,1999.

[26] 中华人民共和国行业标准. CECS 25—1990 混凝土结构加固技术规范[S]. 北京:中国计划出版社,1991.

[27] 中华人民共和国行业标准. JTG/T J22—2008 公路桥梁加固设计规范[S]. 北京:人民交通出版社,2008.

[28] 中华人民共和国行业标准. JTG/T J23—2008 公路桥梁加固施工技术规范[S]. 北京:人民交通出版社,2008.

[29] 中华人民共和国行业标准. CECS 161—2004 喷射混凝土加固技术规程[S]. 北京:中国计划出版社,2004.

[30] 中华人民共和国行业标准. CECS 203—2006 自密实混凝土应用技术规程[S]. 北京:中国计划出版社,2006.

[31] 中华人民共和国行业标准. CECS 207—2006 高性能混凝土应用技术规程[S]. 北京:中国计划出版社,2006.

[32] 中华人民共和国行业标准. CECS 146—2003 碳纤维片材加固混凝土结构技术规程[S]. 北京:中国建筑工业出版社,2003.

[33] 中华人民共和国行业标准. DBJ 50-049—2006 重庆市混凝土结构加固施工及验收规程[S]. [出版地不详]:[出版者不详],[2006].

[34] 中华人民共和国行业标准. CECS 77—96 钢结构加固技术规范[S]. 北京:中国计划出版社,1996.

[35] 中华人民共和国行业标准. YB 9257—96 钢结构检测评定及加固技术规程[S]. 北京:中国标准出版社,1996.

[36] 中华人民共和国行业标准. JTJ/T 259—2004 水下深层水泥搅拌法加固软土地基技术规程[S]. 北京:人民交通出版社,2004.

[37] 中华人民共和国行业标准. JGJ 123—2000 既有建筑地基基础加固技术规范[S]. 北京:中国标准出版社,2000.

[38] 中华人民共和国行业标准. JGJ 79—2002　建筑地基处理技术规范[S]. 北京:中国建筑工业出版社,2004.

[39] 中华人民共和国行业标准. JTS 147-2—2009　真空预压加固软土地基技术规程[S]. 北京:人民交通出版社,2009.

[40] 李越松,田双珠,张强. 天津港岸坡与接岸结构相互作用机理研究报告[R]. 天津:交通部天津水运工程科学研究所, 2006.

[41] 张强,刘现鹏,刘娜. 岸坡土体变形对天津港高桩码头的危害[J]. 水道港口,2005,26(4):241-243.

[42] 魏汝龙. 高桩码头与岸坡变形的相互关系[J]. 港工技术,1993(04):40-50.

[43] 魏汝龙,王年香,杨守华. 桩基码头与岸坡的相互作用[J]. 岩土工程学报,1992,14(6):38-49.

[44] 王年香,魏汝龙. 岸坡上桩基码头设计方案的分析比较[J]. 水利水运工程学报,1995(1):43-54.

[45] 魏汝龙. 我国沿海软粘土特性及其工程问题[J]. 水利水运工程学报,1985(03):113-125.

[46] 廖雄华,张克绪,王占生. 岸坡开挖扰动对天津港高桩码头结构安全性影响的数值分析[J]. 中国港湾建设,2002(02):33-38.

[47] 陈强,冯涛,赵立鹏. 受损高桩码头结构承载能力"论证方法"探讨[J]. 中国港湾建设,2003(05):25-28.

[48] 朱锡昶,朱雅仙,葛燕,等. 运行10年高桩码头腐蚀情况及特点[J]. 水运工程,2003(9):11-15.

[49] 赵风英,王玉才,吕涛. 天津港19#、20#泊位浚深工程中的技术问题[J]. 港工技术,2003(04):24-25.

[50] 武清玺,张旭明,李建国. 桩基码头空间结构的内力计算与分析[J]. 水利水电科技进展,2004,24(3):21-23.

[51] 吕慧,黄希德. 对某港区顺岸码头变形监测成果的可靠性分析[J]. 城市勘测,2004(1):36-39.

[52] 谢殿武,刘建国. 高桩码头接岸结构中一种比较合理的处理形式[J]. 水道港口,2004,25(4):231-233.

[53] 蒋凯辉,王立军,黄长虹. 码头基桩损坏分析及修复[J]. 中国港湾建设,2004(03):46-48.

[54] 孙英学,冉昌国. 高桩码头结构损伤机理浅析及其健康监测技术简介[J]. 水文地质工程地质,2005,32(5):110-112.

[55] 张强,郑锋勇,李辉. 高桩码头岸坡变形对岸坡稳定性影响分析[J]. 水道港口,2000(02):20-24.

[56] 廖雄华,张克绪. 天津港高桩码头桩基—岸坡土体相互作用的数值分析[J]. 水利学报,2002,33(4):81-87.

[57] 杨富春. 软土地基高桩码头的损坏原因和规律的讨论[J]. 水运工程,1986(12):13-20.

[58] 杨富春. 软土地基高桩码头损坏原因的再分析[J]. 水运工程,1987(02):12-19.

[59] 王年香. 码头桩基与岸坡相互作用的数值模拟和简化计算方法研究[D]. 南京:南京水利科学研究院,1998.

[60] Winterkorn H F H. Foundation Engineering Handbook[M]. Van Nostrand Reinhold Company,1975.

[61] 李瑜. 桩与土相互作用体系的有限元研究初探[D]. 南京:河海大学,2003.

[62] De Beer. The efects of horizontal loads on piles due to surcharge or seismic effect. [J]. Soil Mechanics and Foundation Engineering,1978,26.

[63] 郭莲清,蔡友民. 天津新港地区码头岸坡工程设计综述[J]. 港工技术,1983(01):36-44.

[64] 叶国良,李伟,朱胜利. CDM 法在码头接岸结构软基加固工程中的应用[J]. 水运工程,2003(03):31-35.

[65] 郭莲清. 天津港码头结构综述[J]. 港工技术,2001(S1):64-71.

[66] 邓志斌. 软粘土蠕变试验与本构模型辨识方法研究及应用[D]. 长沙:中南大学, 2007.

[67] 中华人民共和国行业标准. SL 237—1999 土工试验规程[S]. 北京:中国水利水电出版社, 1999.

[68] 孙钧. 岩土材料蠕变及其应用[M]. 北京:中国建筑工业出版社, 1999.

[69] 朱鸿鹄,陈晓平,程小俊,等. 考虑排水条件的软土蠕变特性及模型研究[J]. 岩土力学,2006,27(5): 694-698.

[70] 王琛,刘浩吾,许强. 三峡泄滩滑坡滑动带土的改进 Mesri 蠕变模型[J]. 西南交通大学学报,2004,39(1): 15-19.

[71] 刘雄. 岩石流变理论[M]. 北京: 地质出版社,1994.

[72] Singh A,Mitchell J K. General stress-strain-time function for clay[J]. Journal of the Clay Mechanics and Foundation Division,1968, 94(S1): 21-46.

[73] 王常明,王清,张淑华. 滨海软土蠕变特性及蠕变模型[J]. 岩石力学与工程学报,2004,23(2): 227-230.

[74] 王琛,唐明,刘浩吾,等. 三峡泄滩滑坡滑动带土的 Singh-Mitchell 蠕变模型[J]. 四川大学学报,2003,35(5): 93-95.

[75] Courant R. Variational Method for Solutions of Problems of Equilibrium and Vibrations[J]. Bull. Am. Math. Soc. 1943, 49: 1-23.

[76] Turner M. Stiffness and Deflection Analysis of Complex Structures[J]. J. Aero. Sci. 1956, 23: 805-823.

[77] Clough R. The Finite Element Method in Plane Stress Analysis[C]// 2nd ASCE Conference on Electronic Computation,1960.

[78] 龚晓南. 土工计算机分析[M]. 北京:中国建筑工业出版社, 2000.

[79] 钱家欢,殷宗泽. 土工原理与计算[M]. 北京:中国水利水电出版社, 1996.

[80] 黄文熙. 土的工程性质[M]. 北京:水利电力出版社, 1983.

[81] 交通部第一航务工程勘察设计院. 海港工程设计手册(中册)[M]. 北京:人民交通出版社, 1994.